一天读懂
美国历史

康兴华◎编著

中共中央党校出版社

图书在版编目（CIP）数据

一天读懂美国历史/康兴华编著．—北京：中共中央党校出版社，2015.11

ISBN 978-7-5035-5665-4

Ⅰ.①一…　Ⅱ.①康…　Ⅲ.①美国-历史-通俗读物　Ⅳ.①K712.09

中国版本图书馆 CIP 数据核字（2015）第 247933 号

一天读懂美国历史

责任编辑　曲　炜　王　琪
版式设计　李　灵
责任校对　马　晶
责任印制　宋二顺

出版发行　中共中央党校出版社
（北京市海淀区大有庄 100 号）
邮　　编　100091
网　　址　www.dxcbs.net
电　　话　（010）62805800（办公室）　（010）62805824（发行部）
经　　销　新华书店
印　　刷　三河市华润印刷有限公司
字　　数　100 千字
版　　次　2015 年 11 月第 1 版　2015 年 11 月第 1 次印刷
开　　本　700 毫米×1000 毫米　1/16
印　　张　7.5
定　　价　17.00

本书不是历史教材，只让你对该记住的东西记忆深刻；

本书也不是历史故事，而要还原历史发生的深刻原因；

本书还要告诉你许多你不知道的事情或错误认知，如，

国父华盛顿是美国当时最富有的人；英国为什么轻易放弃富饶的美洲殖民地？为什么美国州和州的法律会不一致？

最后你会知道，平等和自由不是普世价值观，只是商业社会价值观；美国的民主也不是完全的民主，只是民主的一种形式。只有社会主义核心价值观，才是现阶段最适合中国发展的价值导向。

目 录
Contents

一、传统历史学习方法的错误

历史有趣么？有趣，因为读历史就是读故事。

历史枯燥么？枯燥，因为历史读了没印象，了解之后就忘了，看了等于没看。

为什么有趣的历史，学起来枯燥？

因为，

历史的故事离我们太远，和我们熟悉的事情没有太多联系；

历史的人物、事件太繁琐，几乎孤立存在；

历史没意义，除了考试，几乎没什么用；

更因为，

历史的学习方法太枯燥，很多历史书和课程都是按照编年史方法讲授，从元年讲到末年。听完最后一章，基本忘掉了第一章的内容。

其实，学习历史很简单，只是常用的方法错了。

首先，只有熟悉的历史故事才能有印象，感兴趣的话题和观点才能有欲望去学习。因此，我们完全可以用另一种方式学习历史，先悉整体框架再继续深入了解细节。让一件历史事情不断的重复，多角度的重复，最后掌握其本质。

其次，万事万物也都有联系，更别说历史了。过去是今天的历史，今天是明天的历史。历史的车轮在重复，今天发生的事情，其实过去也发生过，如果能对比一下，我们会发现有惊人的相似。如果你知道美国1900年发生的事情和我们的2000年很像，那么美国人所想所做所经历的事情，我们就更容易理解当时的场景。

最后，历史事件的发生，不仅仅是表面的、各种各样的、孤立的原因。历史事件的发生，还有一些深层次的、不变的、与其他事件相联系的原因。掌握了这些原因，就可以理顺历史发展的脉络。

总之，美国历史很简单。本书力求为读者破解美国历史的本质，用一天的时间读懂美国。

二、美国历史概述

美国是一个崭新的国家，同时也是目前世界上现存的最老的共和国。虽然它不到 300 年的历史（成立于 1776 年），相比于中国 5000 年历史长河来比较，几乎可以算作一个婴儿。但是，它却比新中国近 70 年的历史要长的多（成立于 1949 年），因此，美国绝对是大叔级别的国家。相比于其他世界国家来说，美国也是较年长的，甚至比拿破仑成立的法兰西第一帝国的时间还要早（1799 年）。

表 2—1　世界主要民主国家成立时间

（以实现较大范围议会选举为标志）

国　家	实现时间	标　　志
美　国	1787 年	《美国宪法》
法　国	1789 年	法国大革命，国民议会成立
英　国	1848 年	宪章运动爆发
德　国	1918 年	魏玛共和国成立
意大利	1946 年	意大利共和国建立
日　本	1946 年	《和平宪法》

资料来源：维基百科。

美国是一个移民国，本土人印第安人（Native American）反而成为了极少数民族，现在甚至除了感恩节和旅游之外，几乎没有什么东西和印第安人有关。第一批移民主要来自于欧洲大陆，他们有各种各样的原因来到这片土地上。然而，无论在什么时候，第一批移民和祖国的感情和关系是无法割舍的。这就好比是现在的海外学子，无论加入了哪国国籍，对祖国的情感依然是强烈的。但是，这种情感的归属，随着移民的后代，慢慢地消失。

感恩节的故事

感恩节是北美大陆独有的节日，美国将每年 11 月第 4 个星期四定为“感恩节”。每逢感恩节，美国人都要赶回家中与亲人团聚，一起享用感恩节大餐。美国感恩节的起源要从 1620 年“五月花”号驶抵美国说起。当时从英国出发满载着 102 名清教徒的“五月花”号驶抵今马萨诸塞州普利茅斯市。“五月花”号抵达时，正值隆冬，新鲜果蔬的缺乏导致坏血病流行，不断有人死去，他们还遭到当地印第安人的抵抗和袭击。到来年开春之时，只有 50 多人活下来。开春后，他们将从英国带来的农作物种子播种，并与印第安万帕诺亚格部落签订和平协定，双方还交换了作物种子，进行了物物贸易。曾经在欧洲生活了 10 多年，会说一些英语的印第安人史广多（Squanto）教会清教徒种植玉米和打猎，并且担任翻译。在印第安人的帮助下清教徒们夏天捕鱼，秋天捕猎火鸡。终于，清教徒在 1621 年秋天获得了丰收。为了感谢上帝的恩赐和印第安人的帮助，清教徒们邀请印第安人一起度过了美洲大陆第一个感恩节。感恩节的传统自此延续下来，后来林肯总统于 1863 年正式确定感恩节日期，并设为国家节日。

图 2—1　1621 年美国第一个感恩节

经过一两百年的时间，在美国土生土长的欧洲后裔们，对其籍贯地的感情也已经淡漠。在没有情感和道德约束下，和籍贯地的利益关系，才是他们在乎的东西。一旦发生利益冲突，就很容易发生冲突。对一个国家而言，就是战争。籍贯地政府想向美国人收税，美国人不愿意交，随后发生独立战争，美国因此而建国。这也就结束了美国历史上的第一个时期——殖民时期。

随后，美国经历了大发展，从最初的 13 个州，逐渐扩大，无论是版图还是人口，经济还是政治制度，都在经历发展。由于历史原因和经济原因，美国的北方和南方发生了经济利益和制度理念的冲突，于是爆发了南北战争，最后以北方战胜南方而结束。随后，美国版图继续扩大，从此美国大陆至今再无战争发生。这段时期可以说是美国历史的第二个时期——美国的建立。从 19 世纪末期至今，是美国的第三个发展阶段，在这一阶段里，美国经济、政治、文化等全面发展，美国的制度的逐渐完善。当人民可以吃饱肚子、经济增长趋于稳定的时候，人们就把注意力集中在怎样能让自己过得更好。在这个阶段，美国人开始关注社会制度，比如以种族歧视问题和女权运动为代表等民权运动逐渐兴起。迄今为止，美国也依然处于这个阶段。

（一）美国的殖民时期

哥伦布发现美洲大陆的原因：欧洲人开辟通往中国的贸易新航线

在欧洲人踏上美洲之前，美洲土著的人口数量并不比欧洲人口数量少多少。我们现在所看到的美国人，其先祖多是从世界各地殖民而来。因此，美国和地球上的多数国家不一样，它的主要人口是由移民构成。另外，哥伦布很可能不是发现美洲大陆的第一个人，但是他的影响力却最大。这是因为哥伦布所处的时代背景所造成的。来得早不如来得巧嘛！

图 2—2 哥伦布发现美洲

表 2—2 1500 年世界人口统计

中国（明朝）	1.03 亿
印度（德里苏丹国）	0.79 亿～1.10 亿
日本（室町时代）	0.10 亿～0.15 亿
欧洲（西欧）	0.74 亿～0.88 亿
美洲（包括南美和北美）	0.20 亿～0.47 亿
非　洲	0.46 亿～0.87 亿
全世界	4.24 亿～4.83 亿

资料来源：〔英〕麦迪森著，伍晓鹰等译：《世界经济千年史》，北京大学出版社 2003 年版。

自古以来，亚洲与欧洲的贸易，主要依靠陆地运输。来自亚洲的香料、茶叶、瓷器等物品，需要通过中国的丝绸之路，通过中东等伊斯兰教国家，最后运输到欧洲。也正因此，中东国家，作为双方贸易的必经之路，当然要通过征收关税等措施来分一杯羹。他们的政策和态度，对贸易也有一定的主导作用，来往欧洲和中国的商人甚至会在贸易中受到不平等待遇。这样一来，中东人等于卡住了欧洲的脖子。当时的中国作为天朝上国，我们完全可以自给自足，没有必要和欧洲交换什么必需品。但是，世界从一开始就离不开中国，他们需要我们的茶叶和瓷器，因此，欧洲人一直希望能够解决这一问题。有一些学者甚至认为，欧洲和中东地区的数次战争，也有很大因素是因为经济利益而引起的，而并非单纯的宗教冲突。

图 2—3　古丝绸之路

在冷兵器时代，实力相当的民族之间的战争，是很难分出胜负的。战争的胜负只显示在局部地区，或者在某一短暂时期内的此消彼长，但总体来说是平衡的。而战争的代价也往往很惨重。因此，对欧洲人来说，开辟另外一条贸易之路或许是更好的选择。这也是为什么哥伦布之前的航海探险家没被人重视的原因，因为那个时候的航海技术并不能满足贸易运输。而哥伦布则不同，他航海的主要目的是要从欧洲向西航行，开辟一条能够通往亚洲各国，最主要的是一条通往中国和印度的新贸易路线、一条海上运输线路。给哥伦布投资的人，也是欧洲西班牙皇室，其目的也并非探险旅游或者为了科学实证（地球是圆的），而是经济利益的驱使。

当哥伦布到达美洲的时候，望着那没有被开发的土地和皮肤黝黑的土著，他自己也不相信是到达了中国。当初欧洲人对中国的感受，多是从马可波罗游记中获得。在一个很长的时间里，欧洲人眼中的中国，几乎是一个黄金铺地的国家，是地球上最文明的国度。

这一概念直到清朝乾隆年间欧洲使团的访问，才有所改观。这也是哥伦布称呼美洲大陆土著人为印第安人（Indian）的原因。他也不相信他来到的是中国，因此他认为自己所在的国家是印度（India）。

欧洲各国在美洲大陆的势力范围和美国精神的初步显现

虽然哥伦布是葡萄牙人，但是却受雇于西班牙皇室，因此伴随着哥伦布在1492年的登陆，西班牙宣布拥有美洲。5年后，英国国王也派出了自己的航海家，到了今天的加拿大境内，建立起了自己的殖民地。随后，欧洲各国也都往美洲大陆派遣部队，宣布对占领地的主权，并成立殖民地。在这一阶段，主要都集中在美国的东海岸地区。由于美国领土广袤，各殖民地之间很少有大规模武装冲突，主要的武装冲突都集中在和印第安人之间。

第一批来到美洲的人有西班牙人（1513年）和法国人（1524年）。西班牙人先到现美国东南部的佛罗里达州，法国人从纽约北上甚至到了加拿大境内。但是这批人不能称为殖民者，他们来这里的目的主要为了抢夺黄金和资源。并且，试图在这一阶段常驻美洲的欧洲人，也经常被印第安人所杀，建立起来的殖民地也经常被摧毁。进入1600年后，法国人逐渐占领了加拿大地区，并成功驻扎下来。这也是目前加拿大有法语区的根本原因之一。

表2—3　移民初期各国殖民时间和占领地

殖民地	成立时间	所属范围	宗主国
西属北美殖民地	1535年	现佛罗里达和美国西部大部分地区	西班牙
荷属北美殖民地	1609年	英属弗吉尼亚和法属加拿大之间地区，1674年并入英属殖民地	荷　兰
英属北美殖民地	1620年	现美国东海岸大部分地区	英　国
法属北美殖民地	1634年	现美国中东部（圣路易斯安那地区）和加拿大魁北克地区	法　国
瑞典北美殖民地	1638年	现宾夕法尼亚州、新泽西州及特拉华州的一部分地区，1655年并入荷属北美殖民地	瑞　典

资料来源：〔美〕乔治·布朗·廷德尔、〔美〕大卫·埃默里·施著：《美国史》第1卷，南方日报出版社2012年版。

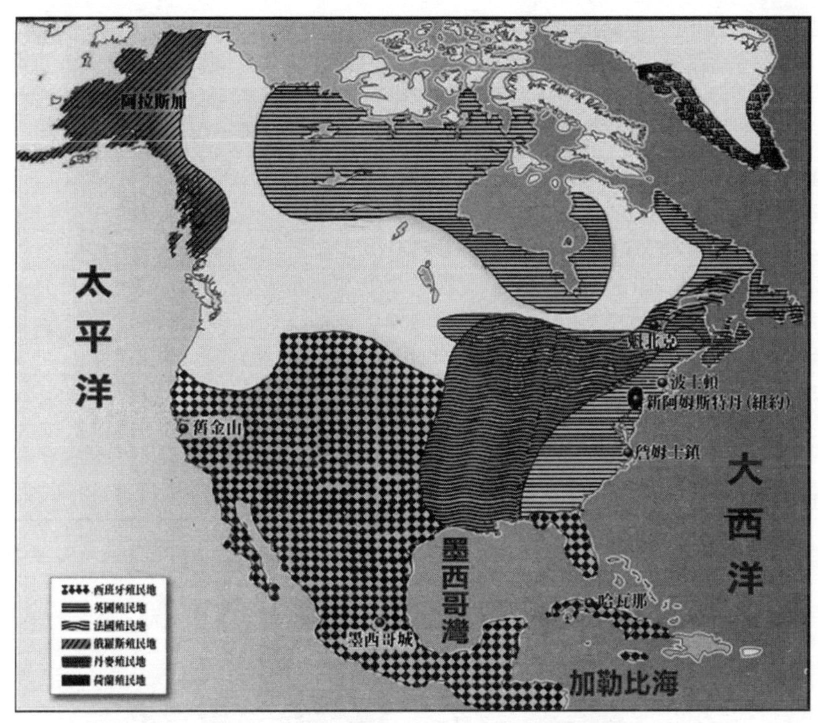

图 2—4 欧洲殖民者在北美的殖民分布①

位于美国的第一个殖民地地区，是英国人在美国东部中间地段建立的。这个殖民地的建立，并不是英国政府想侵占这片土地，而是因为英国经济受到本国内政的困扰以及西班牙等海上霸主国的封锁，英国人继续开辟殖民地来获得经济利益，所以民间乐于资助殖民地的建立，便成立了弗吉尼亚公司。也因此，这片区域被称为是弗吉尼亚州。一个州的得名，是源于一家公司，这足以说明商业社会对美国的影响。

相比于价格低廉的粮食作物，经济作物更为值钱，因此，有钱的英国人来到这里大量种植烟草，并销往欧洲。这里土地广袤富足，但是劳动力相对匮乏，而从欧洲本土运送劳力显得昂贵，并且也远远达不到经济发展的需求，只有奴隶才能满足农场主的

① 当时各殖民地之间并没有确切的边界，因此存在很多重叠地区。

需要。因此，臭名昭著的三角贸易、奴隶贸易才得以发展。第一批黑人奴隶于1619年被运到了美洲大陆。

表2—4 美国黑人奴隶人口情况统计（1790—1870年）

年份	黑人奴隶人数（人）	美国总人口（人）	占当时美国人口百分比（%）
1790	694207	3929214	17.67
1800	887612	5236631	16.95
1810	1130781	7239881	15.62
1820	1529012	9638453	15.86
1830	1987428	12866020	15.45
1840	2482798	17069453	14.55
1850	3200600	23191876	13.80
1860	3950546	31443321	12.56
1870	0	38558371	0

资料来源：Dictionary of American Slavery（1988）.

图2—5 奴隶贸易

以经济利益为导向的殖民目的，和我们传统对国家战争的印象有本质的区别。在我国，无论是历朝历代的战争，或者是国家之间的战争，几乎都是以占领土地和长期统治为目的。而欧洲各国对美国的殖民，却是以经济利益为目的。这有一点像清朝末期八国联军对我国的侵略，其目的也是为了商业，而并非日本帝国主义的土地和政治占领。这种以经济目的为导向的殖民目的，也为美国之后的独立战争埋下伏笔。英国之所以放弃美洲殖民地，就是因为英国人认为继续殖民已经不划算。大英帝国失去的只是一个称谓，最多是一个面子问题。只要符合做生意的原则，平等交易和买卖自由，英国人完全可以通过与美国人的贸易获得同样甚至更大的经济利益。这也是商业价值观——平等和自由，对美国社会的重要影响。

第二个殖民地地区，也是对美国影响最大的殖民地，是英国的清教徒（Puritan）占领的美国东北部地区，成立了现在的新英格兰地区（New England Area）。美国东北部地区一直是美国的重要地区，生活在这里的人们的思维习惯和想法，可以说影响了整个美国的发展。清教徒，英文“pure”纯净清洁的衍生词，其宗教观点和当时英国的正统国教有冲突，因为教会腐败，他们想清洁现有教会。清教徒认为，人们无需通过神父，可以直接和上帝对话。这种思想会削弱天主教廷对大众的控制和影响。最直接的一个例子就是，人们无需再向教廷花重金购买赎罪卷，人们通过自己的祈祷就可以和上帝对话来实现忏悔的目的。当然，传统教廷一定会反对这种削弱教廷权威的改革声明，因此清教徒被英国政府驱逐出境。他们先到了荷兰，最后乘坐著名的“五月花”号（Mayflower）辗转到了美洲，于 1620 年来到了马萨诸塞州的普利茅斯（Plymouth）建立了自己的根据地。这个地方地域辽阔，物产富饶，没有议会，没有刽子手，到处都有未开发的处女地。只有在这样的地方，他们才能轻轻松松地生活，自由自在地信奉和传播自己所喜欢的宗教理念，开拓出一块属于清教徒自己的人间乐园。清教徒的主要思想——上帝面前人人平等，也是美国精神的基石之一。另外，清教徒还认为人们的职业是上帝赋予人们的职责，人们从职业劳动中所获得财富，是上帝托管给人们管理的，是合理的。因此，清教徒从内心深处具有很强的入世精神，开拓进取，崇尚信誉。

英国人先创立了马萨诸塞州，这个州的英文名“Massachusetts”来自印第安部落，意思是伟大的山地。美国还有很多州名源于印第安部落。随着移民人数的增多，难免会出现观点冲突，因此那些有不同政治观点的人就被麻州政府驱逐出境，也有相当数量的人主动离开这里。好在美国地大物博，这些被驱逐的人没有必要和政府对抗，因此他们带着自己的理想和理念，有些人去了位于麻省南部的罗德岛，有些人去了沿海岸线更南一些的康涅狄格州。

表 2—5 美国各州加入联邦时间及其州名来源

	州 名	加入联邦时间	州 名 来 源
1	特拉华 Delaware	1787 年 12 月 7 日	根据特拉华男爵（英语：Baron De La Warr）托马斯·韦斯特三世的爵位称号命名，特拉华湾亦据此命名
2	宾夕法尼亚州 Pennsylvania	1787 年 12 月 12 日	这个州的名称是英国移民威廉·佩恩起的，是拉丁文，意思是“佩恩的林地”
3	新泽西 New Jersey	1787 年 12 月 18 日	命名源自位于英吉利海峡中的泽西岛
4	佐治亚 Georgia	1788 年 1 月 2 日	1733 年英国移民于此地开垦，即以乔治二世（George II）之名命名之
5	康涅狄格 Connecticut	1788 年 1 月 9 日	Connecticut 来自莫希干（Mohegan）印第安语的“Quinnehtukqut”，意思是“有长长河流的地方”
6	马萨诸塞 Massachusetts	1788 年 2 月 6 日	来自早期殖民时代的一个位于此地的印第安部落名字，原本的意思是“一个很大的山坡地”
7	马里兰 Maryland	1788 年 4 月 28 日	虽然官方宣称马里兰州得名自亨利埃塔·玛丽亚，但许多历史学家认为该州名称是由第一代巴尔的摩男爵 1632 年去世前依照圣母玛利亚命名
8	南卡罗莱纳 South Carolina	1788 年 5 月 23 日	原与南卡罗莱纳州同为卡罗莱州，英王查理二世以其父查理一世的名字命名，查理（Charles）同拉丁文卡罗莱（Carolus）

续表

	州名	加入联邦时间	州名来源
9	新罕布什尔 New Hampshire	1788 年 6 月 21 日	1629 年，一位来自英国汉普郡（Hampshire）的船长约翰·马松以自己的家乡将这个地方命名为新罕布什尔（New Hampshire）
10	弗吉尼亚 Virginia	1788 年 6 月 25 日	当时英国海外的第一个殖民地，以歌颂当时的英国女王伊丽莎白一世，伊丽莎白一世是英国历史著名的童贞女王（1558—1603 年），弗吉尼亚的英文有处女地之意
11	纽约 New York	1788 年 7 月 26 日	纽约州原为印第安人居住地，并于 1609—1664 年间为荷兰所占，称为新尼德兰；1664 年，来自英国约克县的人占领后，定名为“新约克县”，故称纽约（New York）
12	北卡罗莱纳 North Carolina	1789 年 11 月 21 日	原与南卡罗莱纳州同为卡罗莱纳州，英王查理二世以其父查理一世的名字命名，在拉丁文中查理（Charles）同拉丁文卡罗莱（Carolus）
13	罗德岛 Rhode Island	1790 年 5 月 29 日	因该岛形势类似希腊爱琴海口外的罗德岛，便被改名为罗德岛
14	佛蒙特 Vermont	1791 年 3 月 4 日	1609 年，法国探险家萨缪尔·德·尚普兰占今天尚普兰湖地区为己有，并将其周围的山脉称为“绿山”（Les Verts Monts），今天的州名就是由此而来的
15	肯塔基 Kentucky	1792 年 6 月 1 日	“Kentucky”（肯塔基）一词来源于美洲大陆切洛基（Cherokee）印第安人语言中的“Kentahteh”单词，意思是“土地”

续表

	州名	加入联邦时间	州 名 来 源
16	田纳西 Tennessee	1796 年 6 月 1 日	“Tennessee”一词来源于印第安人语言，意思是“大弯”，指的是弯曲的田纳西河，它是根据切洛基(Cherokee)印第安人的一个村庄的名字“Tanasie”演变而来，早期欧洲探险者用“Tennessee”来称呼那条弯曲的大河，进而变成了地名和州名
17	俄亥俄 Ohio	1803 年 3 月 1 日	“俄亥俄”来源于当地土著易洛魁族语，意为“美好之河”
18	路易斯安那 Louisiana	1812 年 4 月 30 日	路易斯安那州得名于法王路易十四；1682 年，法国探险家卡维莱和拉·萨利从密西西比河上游顺流而下到达密西西比河下游平原，他们随即将包括路易斯安那在内的一大片地区宣称为是法王属地，即“路易之地”(Land of Louis)
19	印第安纳 Indiana	1816 年 12 月 11 日	“Indiana”(印第安纳)一词的意思是“印第安人的土地”，这个词由早期欧洲探险者用来称呼北美大陆中西部这一带印第安人所在地，结果成了州名
20	密西西比 Mississippi	1817 年 12 月 10 日	州名来自印第安语，义为“大河”
21	伊利诺伊 Illinois	1818 年 12 月 3 日	曾经有一个叫做“Iliniwek”(意思是“人民”)的原始民族在这一地区建立了国家，在法语中 Iliniwek 按照发音拼成 Illinois，探险家开始用这个词称呼大多数 Iliniwek 印第安人居住在旁的那条河，逐渐这一地区都被称为 Illinois，后来 Illinois 顺理成章地成了州的名字

续表

	州名	加入联邦时间	州名来源
22	阿拉巴马 Alabama	1819 年 12 月 14 日	Alabama 取自原居住在该地区印第安部族中名叫“亚拉巴马”的一支。“亚拉巴马”根据乔克托（Choctaw）印第安语，意为“打草的人、拓荒者”或“收采蔬菜的人”
23	缅因 Maine	1820 年 3 月 15 日	缅因州的名称来历并无统一的说法，2001 年缅因州议会通过的确立“法裔美国人日”之决议中认为，缅因州名取自法国缅因省，另一个常见的说法则是，“缅因”取自英语 Main 一词，意为“大陆、本土”，最早是相对于缅因沿岸岛屿的称谓
24	密苏里 Missouri	1821 年 8 月 10 日	密苏里的州名来自密苏里河，而“Missouri”一词起源于当地印第安人语言，意思是“混浊的水”或者“划大独木舟的人”
25	阿肯色 Alaska	1836 年 6 月 15 日	“Arkansas”来自印第安语，原为来自印第安语，原为夸保族、奥萨格族、卡多族、切罗基族和乔克托族印第安人居住地
26	密歇根 Michigan	1837 年 1 月 26 日	“Michigan”的州名起源于 Chippewa（谢比瓦）印第安人语言中的“Michigama”一词，意思是“大湖”，所指的就是美国北部五大湖之一的密歇根湖
27	佛罗里达 Florida	1845 年 3 月 3 日	西班牙航海家胡安·庞塞·德莱昂在 1513 年 4 月 2 日，发现这片地方，时值西班牙人称为 Pascua Florida（花的复活节）的节日，所以此地被德莱昂命名为 La Florida

续表

	州名	加入联邦时间	州名来源
28	得克萨斯 Texas	1845年12月29日	17世纪时，西班牙的探险家在与Caddoan语族的Hasinai族人打交道时，将印第安人称呼自己为朋友（thecas）的词误解为此地地名，得克萨斯此地名却一直沿用下来
29	艾奥瓦 Iowa	1846年12月28日	艾奥瓦州名来自印第安语，表示懒人“昏昏欲睡”的状态或临睡前“打呵欠”的声响
30	威斯康星 Wisconsin	1848年5月29日	威斯康星州的州名来自威斯康星河的河名，英文“Wisconsin（威斯康星）”一词起源于Chippewa（谢比瓦，又称Ojibway）印第安人语言的“Weeskonsan”，意思是“水集合在了一起”
31	加利福尼亚 California	1850年9月9日	加利福尼亚出自西班牙语“caliente fornalia”，“热火炉”的意思，最初到达加利福尼亚的西班牙人觉得加利福尼亚异常炎热，故得此名
32	明尼苏达 Minnesota	1858年5月11日	明尼苏达州的名字来自于当地印第安人中的达科他人对明尼苏达河的称呼：“mini sota”，意思是“白烟的水”或“天色的水”
33	俄勒冈 Oregon	1859年2月14日	俄勒冈州名印第安语意为“美丽之水”（指哥伦比亚河）
34	堪萨斯 Kansas	1861年1月29日	18世纪，堪萨斯居住着许多属于不同部落的印第安人，其中有一个部落叫做Kansa或Kaw，在他们的语言中，这个词的意思是“南风吹来的人”，在当地见到过这些印第安人的欧洲人就把脚下的土地和河流叫做“堪萨斯”（Kansas），慢慢这个词就成了堪萨斯整个地区的称呼，后来成为了州的名称

续 表

	州名	加入联邦时间	州 名 来 源
35	西弗吉尼亚 West Virginia	1863 年 6 月 20 日	西弗吉尼亚州是在美国南北战争时期由当时的弗吉尼亚州所分裂出来的，故州名起源于弗吉尼亚相同
36	内华达 Nevada	1864 年 10 月 31 日	来源于西班牙语，意思是“被雪覆盖”，原本是用来形容该州西部的内华达山的寒冷
37	内布拉斯加 Nebraska	1867 年 3 月 1 日	“Nebraska”一词来自于 Omaha 部族印第安人语言，它指的是在内布拉斯加地区的一条历史悠久的大河——Platte（普拉特河）。Omaha 印第安人把这条河叫做“Nibattaska”，另一个 Oto 族群的印第安人则发音为 Nibrathka，其中的意思是“浅而平缓的水”，英文直接音译成“Nebraska”，所以按字面上说，Nebraska（内布拉斯加）意味着“一条浅浅大河流经的土地”
38	科罗拉多 Colorado	1876 年 8 月 1 日	科罗拉多州是以西班牙语“Colorado”命名的，意为“带点红色的”，估计这可能指的是该地区红色的砂岩地层或是科罗拉多河两岸的赭红色景观
39	北达科他 North Dakota	1889 年 11 月 2 日	“Dakota”一词来自达格塔当地的印第安人语言，意思是朋友或者盟友，先是被欧洲探险家用来代表所在地，后被作为这块领地的名字，继而成为州名
40	南达科他 South Dakota	1889 年 11 月 2 日	最早同北达科他州同为达格塔准州，后分离
41	蒙大拿 Montana	1889 年 11 月 8 日	“Montana”的州名出自西班牙语，意思是“山峦”

续表

	州名	加入联邦时间	州名来源
42	华盛顿 Washington	1889年11月11日	为纪念美国首任总统乔治·华盛顿而成立，亦是唯一以总统名称命名的州
43	爱达荷 Idaho	1890年7月3日	来自印第安语言肖松尼语 Ee' dah' how，意为"坚持住！太阳即将落山"
44	怀俄明 Wyoming	1890年7月10日	传说怀俄明建州时，州议员詹姆斯·M. 阿瑟利第一次建议用"Wyoming"这个名字，有人认为，也许因为阿瑟利在宾夕法尼亚州长大，在宾夕法尼亚有一个风景优美的地方叫 Wyoming Valley 使他产生了用 Wyoming 的灵感；而"Wyoming"一词源于原来在宾夕法尼亚地区的印第安人 Lenilenape 部族语言，真正的意思是"on the plains"或"large prairie place"（大草原）
45	犹他 Utah	1896年1月4日	犹他州的名字源于犹特人部落的名称，在犹特语中意思是"山地人"（hill dwellers）
46	俄克拉荷马 Oklahoma	1907年11月16日	"Okalahoma"一词是由两个肖特族（Choctaw）印第安人语言中的 okla 和 hummus 组成。okla 的意思是"人"，hummus 的意思是"红色"，合起来就是指这一地区的印第安人。由于印第安人的肤色较白人呈棕红色，而有了"红人"的说法
47	新墨西哥 New Mexico	1912年1月6日	过去曾是墨西哥人的土地，1846年美墨战争之后，变成美国人的土地。1912年列为美国的第47个州

续表

	州名	加入联邦时间	州名来源
48	亚利桑那 Arizona	1912年2月14日	关于亚利桑那州名字的起源分别有三种说法，分别是来自奥哈姆语（O'odham）的“alǐ on”（“小小的泉水”之义），西班牙语的“árida zona”（义为“干燥地区”），纳瓦特尔语（Nahuatl）或称阿兹特克语的“arizuma”，意思是“银矿藏”
49	阿拉斯加 Alabama	1959年1月3日	源于阿留申语的“Alyeska”一词，意思是“很大的陆地”
50	夏威夷 Hawaii	1959年8月21日	得名于夏威夷群岛中最大的岛屿夏威夷岛，以其发现者夏威夷·罗亚（Hawaii Loa）命名或者以传统的波利尼西亚人的家乡 Hawaii or Hawaiki 命名

资料来源：根据公开资料收集整理。

这也是美国州和州之间的关系。州和州的法律和政治制度天生就是不同的，并不像我们国内省和省之间的关系一样。每个州的议会来决定本州的人民应该怎样生活。在美国殖民时期，不同的州几乎可以称为是一个独立的自治国家，甚至州和州之间的法律和政策都有不同。比方说，被誉为美国第一部书面宪法的《康涅迪格宪章》，虽然主体上与麻省的政策一致，但是在选举投票上却不附加宗教条件。再比如，现在有的州同性恋结婚合法，有的州就不行。

与此同时，荷兰人也于1628年到达了现纽约市的曼哈顿岛，他们刚来这里的目的也是为了贸易，但是后来也逐渐建立了殖民地。

各国势力冲突和再平衡的结果：英国独大

第一批移民并没有创立新国家，他们从骨子里继承了欧洲各国的文化和传统，他们并不认为自己是新国民，因此在获得一定自由权利的同时，他们从情感上还是效忠于原国的。再加上各国欧洲皇室和国家的经济力量和军事力量对殖民地的干预，这个时期的殖民地可以算是各国的新版图或是新的经济利益的来源。在这一阶段，国家利益之间的冲突也在所难免。比方说，荷兰人建立的曼哈顿殖民区，就被瑞典人侵占过。后来这里又被英国人征服。英国本土有一个约克郡（York），因此英国人把这片新占领的地方命名为“新约克”（New York），纽约因此而得名。随后，英国势力继续南下，并以泽西（Jersey）的名义命名了这个新地盘，新泽西（New Jersey）。

位于弗吉尼亚州的英国人也并没有闲着，他们希望得到更多的土地来扩大他们的经济利益。因此他们的势力范围一直往南延伸，直到被西班牙人统治的佛罗里达州边界，成立了一个卡罗莱纳州（Carolina）。最后这一大片土地被分成了北卡罗莱纳州、南卡罗莱纳州和佐治亚州。

美洲的殖民地经过了100年的发展，英国势力范围逐渐扩大。到了17世纪末期，英国和法国在欧洲本土进行了战争，自然其殖民地美洲也难免战火。法国人首先从加拿大南下，与英军对抗。在这场战役里，虽然英国占领的土地大，物资补给丰厚，但是却地广人稀，难于组织，民兵组织也很难和法国正规军直接对抗。战争刚开始双方势均力敌，战争打了半个世纪，最后以法国因为补给困难而战败告终，法国人撤出了北美大陆。西班牙也向英国政府移交了佛罗里达州。英国人统治了已经开拓出来的美洲大部分土地，尤其是东部沿海地区。因此，英语成为美国人的主要使用语言就不奇怪了。

表 2—6　美国建国前北美主要殖民地成立时间

所属殖民地	现州名	成立时间
英属新英格兰殖民地	新罕布什尔 New Hampshire	1638 年
	康涅狄格 Connecticut	1638 年
	马萨诸塞 Massachusetts	1620 年
	罗德岛 Rhode Island	1639 年
	马里兰 Maryland	1629 年
	南卡罗莱纳 South Carolina	1663 年
	北卡罗莱纳 North Carolina	1663 年
	弗吉尼亚 Virginia	1584 年
	佐治亚 Georgia	1733 年
瑞属新瑞典殖民地（后并入荷属殖民地）	宾夕法尼亚州 Pennsylvania	1643 年
	新泽西 New Jersey	1654 年
荷属尼德兰殖民地（后并入英属殖民地）	纽约州 New York	1609 年
	特拉华 Delaware	1632 年

注：本表的时间并不准确。因为殖民地时间的城里，并不能按照州名的确立而来，而是应该按照具有足够人口数来建立城邦和城镇的顺序而来。同时，很多史料中体现的年代也并不统一。因此，这个表的时间只能做参考，给读者一个时间感觉。

图 2—6　美国建国十三殖民地

经济压迫引起殖民地人不满，各路英雄显现

战争是需要大量耗费的，何况是50年的战争。英国政府占领了如此广袤的殖民地，如何建设一个大一统的殖民地，这些都需要英国政府花钱。于是，英国政府对美洲殖民地征税也在所难免，于是英国政府颁布了印花税法案 Stamp Act。然而，由于殖民地在近200年里长期处于自治状态，有自己的行政体系和经济体系，更没有把税金交付到远在大西洋彼岸的英国政府的习惯。另外，这200年的历史里，殖民地人已经是第N代移民后裔，与其籍贯地的情分也在逐渐递减甚至慢慢消亡，甚至绝大多数人几

辈子都没有去过英国。著名的通过风筝引雷电的科学家，也是美国独立宣言的签署人，本杰明·富兰克林就是其中一位代表，他出生在麻省，这次就领导和抗议了印花税法案。另外一位独立宣言签署人萨缪尔·亚当斯也领导了小型革命，迫使英军从波士顿撤走。

这种程度的抗议引起了英国政府的重视。英国人也不希望自己在殖民地打仗的钱白花。因此他们要给殖民地点颜色看看。于是英国政府废除了马萨诸塞州的自治，并对其进行经济封锁。其他殖民地当然支持马萨诸塞州，因此偷偷运送物资，并努力解救被英国政府关押的殖民地人。出生于弗吉尼亚州的美国国父、领导独立战争的总司令，乔治·华盛顿，也参与了对殖民地的资助。英国政府和殖民地人之间的摩擦越来越激烈，终于在1775年在位于波士顿附近的莱克星顿小镇响起了枪声，独立战争正式开始。

（二）美国的建立

仅用8年战争赢得美国独立

英国政府仅在战争的第一年1775年有优势。首先，英国政府有强大的正规军和海军，美国殖民地政府甚至连足够的枪械都没有。其次，美国各个殖民地天生是分散的，反抗英国政府最激烈的是北方地区的商人和手工业者，而南方地区的农场主们却不愿意打仗，甚至反对独立。然而，美国土地幅员辽阔，纵深极长，英国正规军很难消灭这么分散的有生力量，再加上英国军队远离本土，人员和物资补给非常困难，这就为后来的英军失败埋下了伏笔。

第一年的战争双方互有消耗，互有胜败。但是对英国政府来说，这场战争彻底打击了殖民地人对英国故土的感情。殖民地人热爱英国，并且以日不落帝国为傲；但是，英国政府却宣布他们为乱民，并进行战争和屠杀。他们本身又不是第一代移民，他们与英国本土的联系少之又少，因此他们对英国的感情迅速逆转。美国人从此不再认为是英国王室的子民。于是，来自于13个州的殖民地的代表们，于1776年7月4日签署了著名的独立宣言《The Declaration of Independence》，这一天也被称为是独立日，是美国的国庆节。要注意的是，美国元年是战争刚打响的1776年，而不是赢得独立战争的1783年。

IN CONGRESS. July 4, 1776.

The unanimous Declaration of the thirteen united States of America.

图 2—7　签订独立宣言　　　　图 2—8　独立宣言文本

美国赢得独立战争的另外一个原因，是美国于1778年与法国签订了联盟协议。在那个时候，英国殖民地只是在美国东部沿海地区。而美国的中部地区，从政治上来讲还属于法国的殖民地。敌人的敌人就是朋友。美国人从法国要来了战争贷款和军事援助。当然，以华盛顿为首的美国军事将领，也在战争中起了重要作用，比方说在军事战略上充分展示了以消灭敌人有生力量为主，而不计较一城一池的得失。这些都大大缩短了战争结束的时间。

这些美国联邦殖民地，即最先加入美国的13个州全部位于东部沿海地区，它们由北往南，分别是：新罕布什尔州、马萨诸塞州、罗得岛州、康涅狄格州、纽约州、新泽西州、宾夕法尼亚州、特拉华州、马里兰州、弗吉尼亚州、北卡罗莱纳州、南卡罗莱纳州和佐治亚州。

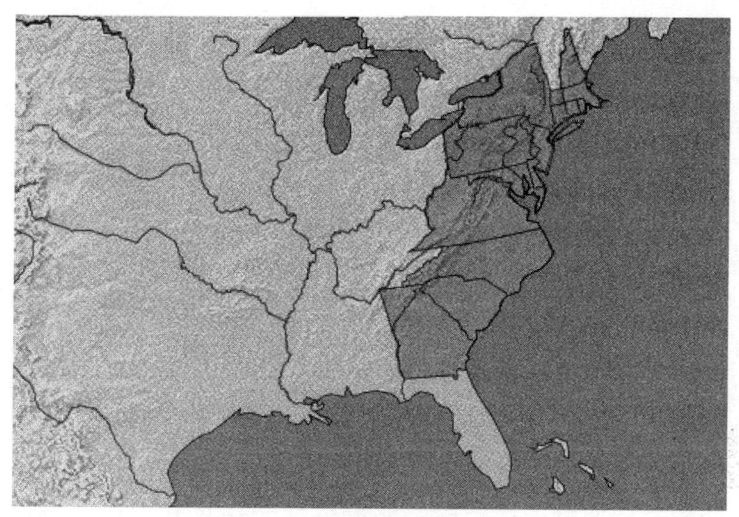

图 2—9　1783 年《巴黎条约》后的美国

美国宪法和美国联邦政府成立

正如前文所述，殖民地各个州之间的联合天生是松散的，它们因为共同的敌人而联合在一起。然而，当它们共同的敌人消失之后，它们之间的分歧就显现出来。在战争期间大家共同签署的联邦条例《Articles of Confederation》并不能够有效解决战争后的问题和分歧。比方说，战争借款由谁来偿还，各个殖民地的偿还比例又如何？如此广袤的土地，在战争中疆界又被打乱，新的疆界又如何划分？没有一个强有力的中央政府，这些松散的殖民地更像是一些混乱的小国家，而不是 21 世纪的美国。这些殖民地的联盟，之所以没有被解体，其中一个原因就是它们还有更有利益的事情去做：向西部拓展，去占领新的更多的土地，而不是纠缠于州与州之间小的领土纷争和小的利益。

新殖民地如何划分，是这些殖民地首先关心的问题。既然都已经统一在美国之下，难道新殖民地应该被 13 个州平均划分，或者是先来后到，抑或是按照州的人口数量和财政实力划分？因此，一个能被各个州政府和人民所共同接受的方案才是当务之急。美国于1787年通过了1787法案（《Ordinance of 1787》），规定新移民地都属于美国，当新移民地的人口数量达到一定程度后实行自治，可以成立为新州，与其他州（最初的13个州）享有平等权利和义务。另外，同样也是在这一年，为了解决殖民地的内部问题，防止各个州因为利益问题再打起来，一个中央政府，最起码是高于联邦条例的新政府必须成立。

新政府如何建立？显然，13个州虽然实力各有不同，面积有大有小，但是却没有一个州的实力具备武力统一全国的实力。事实上也没必要这么去做。因此，协商出一个折中的办法是唯一可行的方案。新政府成立的目的和新政府的权力以及构成，就构成了美国宪法的主体。这次讨论经历了相当长的时间，通过无数次激烈的辩论，通过无数次面对严重分歧的让步和妥协（著名的三大妥协：参议员与众议院各州的人数比例分配的妥协、奴隶按照3/5人口数量计算选举人口的妥协、奴隶贸易暂不停止的妥协），最终于1787年通过了美国宪法。

两年之后，于1789年4月30日，华盛顿作为第一任美国总统在纽约发表演说。又两年之后，第一个新加入美国的州，美国东北方地区的佛蒙特州于1791年加入美国联邦政府。随后的100年里，美国领土逐渐扩大，西部地区受到开发。1912年位于西南部的美国第48个州亚利桑那州宣布自治，加入美国。美国最后两个州夏威夷州和阿拉斯加州也于1959年加入美国联邦政府。

表2—7　美国各州加入联邦政府的时间

	州　名	加入联邦时间
1	特拉华 Delaware	1787年12月7日
2	宾夕法尼亚州 Pennsylvania	1787年12月12日
3	新泽西 New Jersey	1787年12月18日
4	佐治亚 Georgia	1788年1月2日

续 表

	州　　名	加入联邦时间
5	康涅狄格 Connecticut	1788 年 1 月 9 日
6	马萨诸塞 Massachusetts	1788 年 2 月 6 日
7	马里兰 Maryland	1788 年 4 月 28 日
8	南卡罗莱纳 South Carolina	1788 年 5 月 23 日
9	新罕布什尔 New Hampshire	1788 年 6 月 21 日
10	弗吉尼亚 Virginia	1788 年 6 月 25 日
11	纽 约 New York	1788 年 7 月 26 日
12	北卡罗莱纳 North Carolina	1789 年 11 月 21 日
13	罗德岛 Rhode Island	1790 年 5 月 29 日
14	佛蒙特 Vermont	1791 年 3 月 4 日
15	肯塔基 Kentucky	1792 年 6 月 1 日
16	田纳西 Tennessee	1796 年 6 月 1 日
17	俄亥俄 Ohio	1803 年 3 月 1 日
18	路易斯安那 Louisiana	1812 年 4 月 30 日
19	印第安纳 Indiana	1816 年 12 月 11 日
20	密西西比 Mississippi	1817 年 12 月 10 日
21	伊利诺伊 Illinois	1818 年 12 月 3 日

续表

	州名	加入联邦时间
22	阿拉巴马 Alabama	1819 年 12 月 14 日
23	缅因 Maine	1820 年 3 月 15 日
24	密苏里 Missouri	1821 年 8 月 10 日
25	阿肯色 Alaska	1836 年 6 月 15 日
26	密歇根 Michigan	1837 年 1 月 26 日
27	佛罗里达 Florida	1845 年 3 月 3 日
28	得克萨斯 Texas	1845 年 12 月 29 日
29	艾奥瓦 Iowa	1846 年 12 月 28 日
30	威斯康星 Wisconsin	1848 年 5 月 29 日
31	加利福尼亚 California	1850 年 9 月 9 日
32	明尼苏达 Minnesota	1858 年 5 月 11 日
33	俄勒冈 Oregon	1859 年 2 月 14 日
34	堪萨斯 Kansas	1861 年 1 月 29 日
35	西弗吉尼亚 West Virginia	1863 年 6 月 20 日
36	内华达 Nevada	1864 年 10 月 31 日
37	内布拉斯加 Nebraska	1867 年 3 月 1 日
38	科罗拉多 Colorado	1876 年 8 月 1 日

续表

	州　　名	加入联邦时间
39	北达科他 North Dakota	1889 年 11 月 2 日
40	南达科他 South Dakota	1889 年 11 月 2 日
41	蒙大拿 Montana	1889 年 11 月 8 日
42	华盛顿 Washington	1889 年 11 月 11 日
43	爱达荷 Idaho	1890 年 7 月 3 日
44	怀俄明 Wyoming	1890 年 7 月 10 日
45	犹他 Utah	1896 年 1 月 4 日
46	俄克拉荷马 Oklahoma	1907 年 11 月 16 日
47	新墨西哥 New Mexico	1912 年 1 月 6 日
48	亚利桑那 Arizona	1912 年 2 月 14 日
49	阿拉斯加 Alabama	1959 年 1 月 3 日
50	夏威夷 Hawaii	1959 年 8 月 21 日

资料来源：根据公开资料整理。

美国的和平发展时期

从美国宪法成立的那天起，就有了反对声音。这些反对声音联合起来，称自己为共和党人 Republicans。他们认为普通大众的认知要比富人阶层的智慧更安全，民意非常重要。如果政府权力过大，跟君主专制没什么区别。换句话说，政府依赖的应该是民意，而非宪法本身。也正因此，共和党人极力支持把法国皇帝拉上断头台的法国大革命。再比方说，由于要增加国家收入及发展国家经济，政府通过颁布《国内税收法案》来向国民征税；而以杰佛逊为首的共和党人在掌权之后，马上废除了这一法令。在这一时期，杰佛逊政府通过削减政府开支（减少公务员、卖掉军舰等方式），降低了美国国债，还废除了许多不受美国群众欢迎的法律。

表 2—8　美国工业革命下的各项著名成就

发　明　家	发　明	年　份
塞缪尔·莫尔斯	电　报	1837
乔治·布雷顿	改良式内燃机	1872
托马斯·爱迪生	普用印刷机	1870
托马斯·爱迪生	留声机	1877
托马斯·爱迪生	白炽灯	1879
托马斯·爱迪生	直流电力系统	1880
托马斯·爱迪生	电影放映机	1888
尼古拉·特斯拉	交流电力系统	1891
尼古拉·特斯拉	无线电	1893
福特	生产流水线	1913
理查德·霍伊	轮转印刷机	1846
克里斯托夫·肖尔斯	打字机	1867
亚历山大·贝尔	电话	1876
莱特兄弟	飞机	1903

资料来源：根据有关公开资料整理。

自杰佛逊政府以后，参加过美国独立战争的革命家们逐渐退出了历史舞台。通过与欧洲的复杂关系和局部战争，美国人已经彻底不在乎他们欧洲国家的籍贯地；不管什么英国法国，美国人变成了彻底的美国人。从 1800 年到 1830 年这 30 年间，美国人口从 550 万增加到 1300 万，领土面积也从 200 万平方公里扩大到了 500 万平方公里。而且在这一时期，经济和科技的发展也很快，比方说蒸汽机车（铁路）和蒸汽船，南方的轧棉机的发明也大大推动了南方的棉花种植业。美国的国债也在 1830 年左右全部偿清，政府收入大于支出。共和党政府在手里有钱后，实施了一条计划，将政府盈余的财政收入按照民众人口比例，借贷给各州政府。也是在这个时期，美国本土南北分歧开始加剧。北方地区由手工业者和小农庄等中产阶级构成，因此主要发展工业和贸易。而南方地区一开始就是富人拉动的种植产业，一种依靠奴隶的经济模式。在1830年后，废奴主义开始日渐盛行，直到爆发因此而产生的美国内战。

奴隶制影响下的美国分歧

虽然美国的国父们一直反对奴隶制，但是由于建国之初的主要矛盾并不是人权问题，因此争议被暂时搁置。为了拉拢南方各州，奴隶制被允许存在。但是很多北方人，甚至一些南方有奴隶的农场主们也反对奴隶制。在1820年后的这一时期，美国继续西扩，逐渐有新州成立。从1836年新加入的阿肯色州，到1859年加入的俄勒冈州，新州到底是否允许奴隶制，和经济利益直接挂钩，也和美国南北方不同的“意识形态”挂钩。因为按照美国宪法的规定，每个州都有相对公平数量的国会议员，如果越来越多的议员来自废除奴隶制的新州，国会力量肯定会一边倒，奴隶制肯定会被很快废除，而以奴隶为财富的南方各州的经济利益甚至社会稳定都会受到威胁。所以新成立的州是加入奴隶制阵营还是废奴制阵营，是这一阶段讨论的热点问题。

在美国西扩的过程中，南方和北方因此展开了拉锯战，如果有两个州成立，那几乎就是一个是奴隶州，一个是自由州。比方说1820年通过的密苏里折中案（Missouri Compromise），就把密苏里州作为奴隶州，缅因州作为自由州。这个法案甚至把美国南北做了分割线，密苏里以北为北方，以南为南方。到了1850年前后，这种竞赛形式得到了激化，比方说，南方各州甚至派大量的居民临时进入某个新州增加选民力量，当选举结束后，这些人再返回原居地；来自北方自由州的居民也与来自南方奴隶州的居民有各种各样的冲突，甚至发生小规模流血事件。也有一些州很有意思，比方说，位于南方的加利福尼亚州于 1850 年成为了自由州，而位于北方的内布拉斯加州却在 1854 年成为了奴隶州。

从 1830 年到 1860 年这 30 年间，美国领土面积也持续扩大，西部沿海地区，中部以东地区全部被划分为行政区域，相当于现在美国大约 3/4 的版图面积，只有西部和中部之间的一些地区还没有加入美国联邦政府。美国的人口也从 1300 万增加到 3100 万，这里面还逐渐有人口从欧洲迁来，但是主要都聚集在北方地区。居住在自由州的人口占大多数，只有 1200 万居住在蓄奴州，其中还有 400 万为黑奴（其中 300 万黑奴种植棉花）。因此，美国政府和国会被控制在北方人民手中。

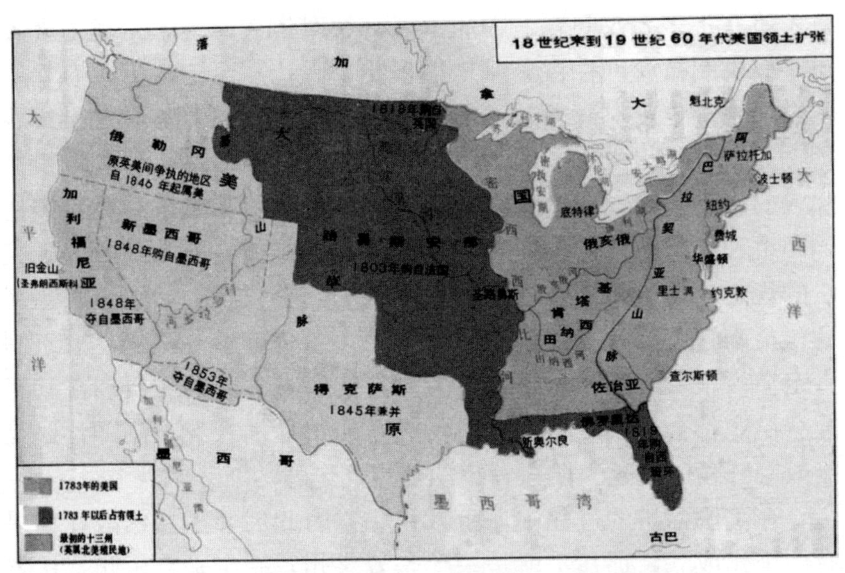

图 2—10　美国版图的扩大

（三）美国制度的完善

南北内战

林肯对美国的影响，甚至比开国元勋都大。华盛顿特区的林肯纪念堂是游客们的必去之地，甚至有些人都会误认为林肯是开国元勋。林肯是坚定的废奴主义者，他认为美国政府不能容忍两个制度同时存在，必要的时候需要流血。在1858年他与道格拉斯关于奴隶制的论战让他闻名全国，并于1860年赢得了选举，成为美国总统。需要注意的是，南方人并没有投票给他，他是北方人选出的总统。

新总统坚定的废奴主义理想，以及国会占大多数的自由州议员席位，让南方各州在政治上几乎无法生存。在民间最明显的特征，是北方人通过各种渠道帮助南方奴隶逃跑，甚至与当地白人发生冲突。于是，在最大的奴隶州南卡罗莱纳州的带领下，1860年末南方7个州宣布脱离美国联邦政府（the United States of America），成立了新的联盟政府（the Confederate States of America），1861年又有4个州加入南方阵营。

南北战争的胜负没有悬念，又一次反映了战争的胜负并不是由军事力量本身而决定。从军事来讲，南方的优秀将领要比北方多，并且美国领土天然利于南方防守，而且南方人也有守卫自己家园的道德情感（北方人属于入侵者）。北方能够赢得战争，一个重要原因是由于南北经济结构的差别。北方的工业实力几乎是南方的10倍，经济力量非常强大。这是一场工业社会进攻农业社会的战争。从军事战略角度来说，北方封锁了南方的港口，使得南方出口欧洲货品受限；并且，北方采取焦土战略，所到之地极尽可能破坏南方的产业，重创南方经济，切断了支持战争的经济来源。

北方战胜南方还有一个重要原因。南北战争只是一场内战，是同民族之间的一场理念之争，充其量是一场道德层面的斗争，不牵扯民族仇恨，也没有根本经济利益冲突。因此，就像下棋一样，无论战场上厮杀多么激烈，最后双方都能够握手言和。比方说，南方战败后也没有什么战俘和战犯，作为北方领袖的林肯被刺杀后也没有延长南方军队的反抗。这场战争于1865年结束。

美国政府的重建

经过内战，美国实现了真正意义上的统一。在内战之前，由于各州的理念不同，经济结构也有很大区别，因此州和州之间更像是契约联盟关系（Union），相对松散，而非我们熟悉的中央集权政府。宪法的建立保证了美国在形式上没有分散。在近100年的发展中，州与州之间的交流与合作，尤其是西部地区的开发，为美国的真正统一奠定了坚实基础。而美国南北战争，实现了北方的绝对统一和南方的绝对统一，没有什么可以比战争更能团结人。内战的迅速结束给美国的真正统一也创造了条件。

南北战争的转折点是葛底斯堡战役，林肯总统也在这里发表了著名的演说。这次演说非常短，只有不到300个单词。但林肯5次使用“国家”（nation）一字，未用“联邦”（union），表明要建设“国家”，而非恢复各主权州的联邦共同体。林肯的文辞涉及1776年与美国独立战争，并包含“凡人生而平等”（all men are created equal）等美国独立宣言中，最能反映美国最根本精神的句子。文章最后给新政府做了定义，美国政府当是“民有、民治、民享”之政府（of the people，by the people，and for the people）。

虽然林肯遇刺，但是历史的车轮仍在继续。国内的全面发展，让美国的国际社会地位也在提高。然而，战争刚结束的头30年里，美国也是艰难的。首先，美国面临政府管理问题，甚至一些地方政府出现了腐败问题。以繁华的纽约为例，城市的官员们盗用了城市1.5亿美元，相当于现在的45亿美元、3000亿元人民币。其次，南方各州处于无政府状态，局部地区还有小规模武力冲突。奴隶制刚废除，南方相当数量的人依然种族主义盛行，黑社会性质组织3K党就是为了恐吓黑人参与投票选举和黑人的白人朋友而成立的。

1900 年后的美国的状况：镀金时代

从 1860 年到 1900 年间，美国的科技和物质财富平稳增长，在钢铁业和石油业发展的带动下，制造业总额从 19 亿美元上升到了 110 亿美元。美国的 GDP 也在 1900 年成为世界第一，超越英国。尽管电能的应用和电话的应用一样，从走出实验室到完全商业化经历了一段时间，但 1880 年末，爱迪生的发明就已经开始走出实验室，应用在工厂企业的生产过程当中。1900 年，美国的铁路里程已经达到了无可匹敌的 20 万英里，用于兴建铁路的投资超过了 100 亿美元。

表 2—9　世界各国当今铁路公里数和美国 1900 年铁路公里数

国　家	铁路运营总里程（公里）	资料日期
美　国	228218	2012 年
中　国	110000	2014 年
俄罗斯	84249	2012 年
印　度	64460	2012 年
加拿大	52002	2012 年
德　国	41896	2008 年
澳大利亚	38445	2008 年
阿根廷	36966	2008 年
法　国	30013	2012 年
巴　西	29817	2012 年

数据来源：世界银行和 CIA 统计数据。

在这段期间里，自由放任主义和社会达尔文主义主导着美国的政治文化，仿科学的社会达尔文主义认为，百万富翁资本家的存在是“物竞天择、适者生存”的体现。同样，政府也不能对富人抱有偏见，政府不应该站在富人一边的观点被改写为政府也不应该代表穷人的观点。就连各州通过保护童工的立法都被法院裁定为政府的不当干涉行为。美国参议院成了工业贵族的大本营。贫富差距迅速扩大，1860 年时，美国最富有的 1%的家族仅拥有全部社会财富的 29%，而到了 1890 年，他们拥有全美国接近

50%的财富。马克·吐温笔下的“镀金时代”是那个时代的美国无可争辩的写照。1912 年从欧洲出发到纽约的泰坦尼克号也是那个时代的产物。从这部经典好莱坞电影里我们也可以感觉到那个时代的繁荣气息。1900 年的美国和 2000 年的中国有很多相似之处。

表 2—10　美国人口

调查年	人口（人）	人口增长率（%）
1790	3929214	—
1800	5236631	33.3
1810	7239881	38.3
1820	9638453	33.1
1830	12866020	33.5
1840	17069453	32.7
1850	23191876	35.9
1860	31443321	35.6
1870	38558371	22.6
1880	49371340	28.0
1890	62979766	27.6
1900	76212168	21.0
1910	92228531	21.0
1920	106021568	15.0
1930	123202660	16.2
1940	132165129	7.3
1950	151325798	14.5
1960	179323175	18.5
1970	203211926	13.3
1980	226545805	11.5
1990	248709873	9.8
2000	281421906	13.2
2010	308745538	9.7

资料来源：Resident Population Data - 2010 Census.

表 2—11　中国人口

调　查　年	人口（万人）	人口增长率（%）
第一次人口普查（1953 年）	59435	—
第二次人口普查（1964 年）	69548	17.02
第三次人口普查（1982 年）	100818	45.1
第四次人口普查（1990 年）	113368	12.45
第五次人口普查（2000 年）	126583	11.66
第六次人口普查（2010 年）	133972	5.84

资料来源：中华人民共和国国家统计局编：《中国统计年鉴 2014》，中国统计出版社 2014 年版。

表 2—12　“镀金时代”的美国与 100 年后的中国经济水平对比

美　国			
年份	名义 GDP（当年美元价，亿）	占世界经济比例	人均 GDP（美元）
1870	983.74	8.9%	531
1900	2602.99	23.6%	1000
中　国			
年份	名义 GDP（按购买力计算，亿）	占世界经济比例	人均 GDP（美元）
1980	1894.01	2.5%	193
1990	3569.37	—	314
2000	1.20 万	5%	949
2013	9.24 万	12.3%	6807

数据来源：世界银行和 IMF 数据库。

表 2—13　“镀金时代”的美国与 100 年后的中国钢铁产量对比

美国钢铁产量（1870—1913 年）		中国钢铁产量（1978—2014 年）	
年份	产量（粗钢产量，万吨）	年份	产量（粗钢产量，万吨）
1870	7.7	1970	1179
1880	139.7	1980	3712
1890	477.9	1990	6635
1900	1122.7	2000	12850
1910	2833.0	2010	62670
1913	3408.7	2013	106762

数据来源：〔美〕乔纳斯·休斯、〔美〕路易斯·凯恩著，邢露译：《美国经济史》（第 7 版），北京大学出版社 2011 年版；国家统计局统计资料。

表 2—14 "镀金时代"的美国与 100 年后的中国经济产业比例变化对比

美国经济产业比例变化				中国经济产业比例变化			
年份	农业（%）	工业（%）	服务业（%）	年份	农业（%）	工业（%）	服务业（%）
1840	47	21	31				
1850	42	29	29				
1860	38	28	34				
1870	35	31	34	1978	28.2	47.9	23.9
1880	31	32	38	1995	19.9	47.2	32.9
1890	22	41	37	2006	11.7	48.9	39.4
1900	20	40	39	2013	10.0	43.9	46.1

数据来源：西北大学经济史研究（http：//faculty. wcas. northwestern. edu/～jmokyr/Graphs－and－Tables. PDF）；国家统计局统计资料。

表 2—15 "镀金时代"的美国与 100 年后的中国城市化进程比较

年份	美国城市人口占总人口百分比	年份	中国城市人口占总人口百分比
1860	19.8%	1960	19.75%
1870	—	1977	17.75%
1880	28.2%	1980	19.4%
1890	35.1%	1990	26.4%
1900	39.8%	2000	36.09%
1910	45.7%	2010	49.68%

资料来源：〔美〕乔纳斯·休斯、〔美〕路易斯·凯恩著，邢露译：《美国经济史》（第 7 版），北京大学出版社 2011 年版；① 《中国城市统计年鉴 2014》，中国统计出版社 2014 年版。

而这一阶段，社会各个阶层也积累起了一些矛盾。比方说，工业社会的发展会压榨农业经济的整体利润和农民权益，因此一些农民团结起来维护自己的权益。甚至在 20 世纪 20 年代，他们的力量可以影响国会。黑人虽然不是奴隶，但是整个社会对黑人依然有严重歧视，比方说隔离制度，不允许黑人和白人进入同一所学校，类似的规定从字面上并不违反美国宪法的规定。还有一些小的团体，也逐渐团结起来为自己的利益而抗争。

① 美国当时的城镇指居住 2500 人以上的地区。

1930年后的美国民权运动的兴起：黑人维权运动

南北战争是美国本土的最后一次战争（珍珠港远离美国本土；“9·11”其实也不能算是一场战争，或者说，“9·11”事件是自二战之后美国本土受到侵犯）。美国经济发展到20世纪30年代出现了又一次经济危机，罗斯福新政挽救了这次经济大萧条，随后美国进入二战。两次战争使得美国的科技、工业、金融等迅速崛起，并确定了自己经济实力世界第一的地位。美国占有了世界过半的黄金储备，并且以此建立了世界经济体以美元为核心的结算体系。拥有货币发行权的美国，只要开动印钞机就可以购买全世界的商品。随着人民生活质量的逐渐提高，在无须考虑生存问题的前提下，人们自然会考虑自己的其他权益。在这个期间，大小民间运动和请愿联盟不断，然而最值得注意的，是美国黑人运动的兴起和女权运动的兴起。

虽然美国已经废除了奴隶制，但是时间也仅仅有50年。也就是说，爷爷生活的时代存在奴隶制。虽然爷爷的孙子出生的时候肯定已经不是奴隶制了，但很有可能被爷爷的观点或者爸爸的观点所影响，而这种认识很可能会影响到世世代代。美国各地由白人构成的政府有时候也默许这种状态，甚至公开支持：在19世纪末期，主要的行政方针是“隔离但平等”。在奴隶制时期，美国的手工业几乎由黑人来做工，而到了1900年前后，黑人继续从事手工业的比例只有10%。黑人的就业和生存有很大压力，也只能做一些最低级的工种；再比如，黑人没有办法和白人受到同种教育待遇、医疗待遇以及其他社会福利待遇。黑人虽然赢得了自由，但是日子并没有比在奴隶制时期过的多好，有些地区和有些人甚至过的更差。哪里有压迫，哪里就有反抗。尤其是二战结束之后，美国暂时已经失去了一个可以让全国高度团结的敌对目标，黑人维权运动在1950年起逐渐形成高潮。

从黑人的角度讲，黑人运动是一场非暴力运动，黑人和白人的矛盾不涉及土地主权、民族仇恨等根本问题。他们的运动并没有出现冲击政府的行为发生，他们希望通过和平的方式获得社会的同情和认可；他们采取静坐、游行、抵制、公开集会和演说等方式向社会传达他们的诉求。运动表面是追求平等，但其思想深处其实在探讨非洲裔美国人（African American）的自我身份的认知（Identity）。这些不仅仅是黑人希望传达给白人的信息，同时也是黑人本身需要自我探讨和反省的内容。他们已经不是来自非洲大陆，甚至祖爷爷爷辈就出生在美国，他们首先是黑人，同时又是美国人，他们与美国人有着同样的宗教信仰和文化主体认知。他们希望自己能够和白人一样，在美国享有同等的权利和义务，而不是被认为有色人种而排除在外。运动的高峰在 20 世纪 60 年代，马丁·路德金的著名演说“我有一个梦想”，使得美国政府通过民权法案，宣布种族隔离和歧视政策为非法，成为美国民权运动史的关键事件。

1930 年后的美国民权运动：女权运动

女权主义思想（男女平等）并不是美国独有，也不是在 20 世纪后才产生。早在 1700 年左右，女权主义思想在欧洲就有了萌芽。但是自那以后的相当长的时间里，尤其是在 20 世纪 30 年代，科技的发展、经济的发展，都限制了妇女的地位，使妇女们只能依附于家庭，无法独立。而到了美国二战时期，科学技术的发展，比方说工业机器如家用电器的使用，降低了妇女做家务的劳动强度，并且，妇女也慢慢参加一些以前只能由男人进行的工作。女人有了收入，慢慢经济上就有了话语权。经济独立之后，她们希望能够获得更多的平等权利，其中一个最大的表现形式是要求政治上的独立，寻求投票权利。

女权运动在二战之前并不能算是严格意义的运动，因为这个时期的妇女并没有组织起来抛头露脸地向社会传达什么理念，她们采取的是更加温和的方式，比方说通过文学作品来传达。作品的形式多种多样，有诗歌、小说、游记等；作品的主题在探讨婚姻、爱情、独立、自由、反抗压迫、抨击不公平强加给女性的道德枷锁。这些作品广为流传，有着很深的影响力。二战前后，妇女逐渐获得了进入工厂等传统男性工作领域，经济独立之后的妇女要求更多的社会平等权利，恰逢这个时期（1950 年以后至 1995 年左右）美国本土的各种民权组织和运动蓬勃发展，女权主义者和其他各个联盟相互支持，取得了不少成绩。

三、影响美国的三个价值观

（一）商业价值观对美国的影响：因为钱而殖民，因为钱而建国

很多人谈到美国的精神，都会首先联想到两个价值观：平等和自由。而且，似乎这两个价值观要凌驾于其他价值观之上，比如说爱国、忠诚、诚实、正直、孝顺。为什么美国如此看重这两个精神，平等和自由，甚至把它写在了独立宣言里，作为美国建国的精神基础？我们不仅要知道有它，还要知道为什么有它，才能更好地理解美国的精神。

第一批登陆美洲大陆的人，其目的并不是要扩张本国领土，这一点与亚洲的历史，尤其是我国的历史很不一样，这也是我们有时候不好理解美国各项政策和人民想法的主要原因之一。这批先到美洲大陆的人，无论是从英国还是欧洲其他国家而来，其主要原因是经济利益趋势。哥伦布之所以出名，就是因为他赶上了一个好时代，建造商船的技术足以较为平安地把人们从欧洲大陆输送到美洲大陆，欧洲各国急需开辟一条新的通道来进行与亚洲的贸易运输。到达弗吉尼亚的英国人，也是由公司组织筹备运送来的，即便这个公司后来被英国政府接管。无论什么原因，来这里的人都有很强的经济利益驱使，占领殖民地的主要目的就是挣钱，与欧洲各国发生贸易往来。臭名昭著的三角贸易，就是一个经济利益最大化的经典写照：商船载着金钱和一些货物从欧洲出发开往非洲，把部分金钱和货物换成奴隶运往美洲，卖掉奴隶之后再购进产自美洲的货物，最后再运回欧洲。

AN
INQUIRY
INTO THE
Nature and Causes
OF THE
WEALTH OF NATIONS.
By ADAM SMITH, LL.D. and F.R.S.
IN TWO VOLUMES.
VOL. I.
LONDON:

亚当·斯密　　　　国富论

亚当·斯密（Adam Smith，1723—1790年），出生于苏格兰港口城镇克尔科迪。14岁进入格拉斯哥大学，后进入牛津大学巴利奥尔学院学习道德与政治科学、语言学。1751年成为格拉斯哥大学的逻辑学教授，第二年又被聘为道德哲学教授，1759年出版《道德情操论》，1776年出版《对国民财富的性质和原因的研究》（即《国富论》），这本书在当时备受推崇并且被普遍流传，斯密也随之声名大噪。1790年，斯密去世，遵照医嘱，斯密大部分未完成的手稿都被销毁，没有任何解释。

《国富论》全名《国民财富的性质和原因的研究》，是一部900多页的经济学巨著。出版于1776年，也就是美国独立战争爆发的那一年。这本书确立了斯密作为经济思想史上重要经济思想家之一的地位。斯密在《国富论》中研究了财富产生的方式以及增加财富的途径，构建了国民经济的理论体系，阐述了价值规律这只“看不见的手”如何调节经济生活。书中指出：“每一个人都应听其完全自由，让他采用自己的方法去追求自己的利益，以其劳动及资本和任何其他人或其他阶级相竞争。”《国富论》标志着古典经济学派的建立，成为了现代自由贸易、资本主义和自由意志主义的理论基础。

对于经商的人来说，如果不考虑政府干预和腐败，最佳的环境就是一个平等和自由的环境。比方说，我的货物可以自由通行到任何一个地方，只要我的货品好，价格低，那么就应该更好卖，赚取的利润就会更大。卖东西的时候，也不会受到威胁，不用被迫降低价格，或者强买强卖；反过来讲，如果商品不允许买卖，或者不同商品在同一环境中被差别对待，那么这种不公平竞争，势必会影响正常的商业行为。亚当·斯密在1773年写完的《国富论》中阐述了关于经济增长的理论，通过自由的社会分工和平等公平的交换，市场这只看不见的手，就可以调节经济，实现总体经济增长。这个理论的出现，对1776年以后的世界发展有着重要的意义。

从西方列强侵略中国和日本侵略中国的目的来看，不仅明显看到两种侵略本质的不同，还可以看到经济掠夺和商业贸易对西方列强的重要性。日本侵华战争，目的就是要亡我中华，占领中国的土地，永久地统治下去。而西方列强发动鸦片战争的一个重要原因是他们在中国的贸易受到了歧视。我大中华物产丰厚，不屑于购买西方蛮夷之邦的商品，把通商口岸仅限于广州地区，并且对货品和数量都进行了严格的限制。因此，西方各国只能靠卖鸦片才能挣钱，才能使得本国使得贸易顺差。他们的战争赔偿除了赔钱之外，西方各国主要是要通商口岸，要求政府对双边贸易的政策，而并没有领土要求（香港、澳门等地，其目的也并非领土价值，而是商业运输价值，否则列强会要求更多的土地）。

表3—1　美国对华鸦片贸易额①

年份	贸易额（银元）	年份	贸易额（银元）
1818	262400	1824	133000
1819	528500	1825	287700
1820	70000	1826	971264
1821	115000	1827	29400
1822	383000	1837	275921

资料来源：李守郡：《浅谈美国早期对华鸦片贸易》，《历史档案》1983（2）。

① 当时美国排在英国之后，是向中国输入鸦片第二多的国家。

第一批美国移民来到这片土地，即便有宗教因素的影响，但也有经济利益的驱使。而美国独立战争的打响，几乎完全是因为经济问题。在战争之前，即便美国移民已经经过很多代，多数美国人已经是在美国出生，但是他们对母国的感情，主要是对英国依然有一些感情。他们在语言上、文化上、经济上、政治上都沿袭着英国的传统。说直白一些，就是因为要收钱，美国人才联合起来反抗。他们认为英国对殖民地征收新税，严重侵犯了美洲殖民地人民的经济利益。美国几次重要的历史事件，都和经济有直接关系。

首先引起广泛矛盾的是 18 世纪 60 年代的印花税法案。英国人为了偿还 7 年英法战争的财政欠款，以在美洲驻军防卫为名，通过了印花税法案向美洲人征税。美洲人认为只有殖民地政府才有资格向殖民地征税，而不是远在大洋彼岸的英国政府，因此双方起了冲突。到了 1773 年，随着双方冲突加剧，又在波士顿发生了“倾茶事件”。英国政府为了倾销其“国有企业”东印度公司积存的茶叶，以零关税的价格出口到美洲。而美洲一直引用的，是在高额关税下的走私茶叶。这样一来，英国的官茶价格要比由美洲当地茶商走私的私茶价格还要低，严重损害了当地茶商的经济利益。美洲茶商拒绝接收英国茶叶，并在波士顿港把这些茶叶倒入了海中。这个事件被英国认为是暴力事件，严重损害了英国的利益。除了经济封锁和政治制裁，英国认为应该给美洲人更多的教训，因此派兵占领麻省，并在麻省的莱克星顿地区枪杀了殖民地民兵，这才引起了独立战争的爆发。

图 3—1　波士顿“倾茶事件”

独立战争的起因并不是什么要求政治自治，也不是什么民族独立，更不是什么宗教文化冲突；其背后的原因，就是简单的经济利益冲突。可见，美国人民的主要目的也是成立一个能够摆脱压迫和不平等对待，相对自由的可以进行贸易的国家。经济利益，即商业利益的重要性，从美国建国的第一天起，对美国来说就显得异常重要。这种商业化的建国背景，也就促使了商业交换的两个重要精神——平等和自由，成为美国的主要价值观。

（二）英国社会对美国的行政制度的影响：两院制和三权分立

欧洲各国和中国的政治体制有着很大的不同，这种不同其实从封建时期就已经开始。封建制度，自从秦始皇统一六国之后，就是“普天之下莫非王土”，在这片土地上的一切都属于皇帝，皇帝是唯一政治权威，国家是中央集权的国家，地方官员的任命、地方财政收入上缴中央政府的比重，全国的法律制定等，都是以皇帝为首的中央政府来操纵。

然而，欧洲各国，尤其是英国，其封建制度并没有向中国那样进化的完善。甄嬛传中所描写的那种后宫女人们政治倾轧，相信欧洲人是绝对玩不转的。欧洲各国的封建制度似乎停留在夏商周时期，皇帝虽然是名义上的一国之君，但是其对地方的控制权，并没有那么大；地方各个省，更像是自治省，只是交出了部分权利给中央政府而已。皇帝的任务，似乎是要团结大家，给大家谋求更多的利益。而地方对领袖的忠诚，也不是体现在可以牺牲生命的程度。在那个时期，两国之间的战争，可以用一种不恰当的比喻来说明，这种战争更像是绅士之间在下棋，骑兵对骑兵，步兵对步兵，如果骑兵攻击步兵，或者使用诡计偷袭，都被认为是不道德的。而战争的目的只是证明自己的实力，战争结束之后双方也能握手言和，甚至把酒言欢。我国在春秋战国时期，也发生过类似的事情。

泓水之战

泓水之战，是中国东周春秋时期，公元前638年，宋国与楚国为争夺霸权而发生的一次战斗，战斗以宋国失败告终。周襄王十四年十一月初一，两军相遇于宋国边境的泓水（古河流名，故道约在今河南柘城西北），宋军驻屯于北岸，楚军自南岸开始渡河。宋襄公不顾谋臣子鱼的建议，坚持不半渡而击，待到楚军全部渡河后，宋襄公又坚持非要等到楚军完成列阵之后方开始攻击，结果惨败，身受重伤。

美国各个州与中央政府的关系，也有一点像欧洲的封建领主与皇帝的关系。宪法更像是一种州与州之间的契约约定。有意思的是，由各州代表们讨论并通过的宪法，各州还需要讨论通过才能在本州执行（Ratification）。中央政府在某些方面要保护地方政府的利益，比方说军事权和外交权一般由中央政府把控，但是一些地方法律，在不违背联邦宪法的基础上，本州可以制定自己的法律，州与州之间也可以不同。比方说，同性恋结婚是否合法，美国不同的州就有不同的规定。在美国制定联邦宪法的时候，甚至有人认为，既然宪法需要大家通过和共同认可才能成立，那从法理上讲，如果有州不认可某些条款，不执行某些条款，也是正常的，不是什么大事情。在宪法制定的开始，宪法到底赋予联邦政府多大的权利，一直是大家争论的焦点，过大的中央集权甚至被认为是君权复辟，而过于松散的联邦又会让大家分崩离析。

美国政府的民主选举制度，也参照了英国的国会制度。和英国一样，美国的国会也是两院制，分别是参议院（Senate）和众议院（House），类似于英国国会的上议院和下议院。英国的上议院的议员们是由贵族和社会精英阶层组成，甚至有一些议会席位是世袭得来。下议院的议员们是由民众直接选举产生，类似于我国的人民代表大会制度。任何一项法律或政策，并不是由总统直接颁布，这些法律或者政策需要提交到议会讨论，只有两议会都得到通过之后，才能够被执行。上议院之所以存在，是因为精英阶层相比于普通大众，更有能力治理国家。古希腊哲学家认为，只有贵族才能治理国家，因为他们天生不需要为生计而奔波，能够集中精力来思考国家的发展方向和治理方法。美国国父之一，也认为如果所有政策全部由普通民众来决定，因为信息的不对称，以及思考角度的狭隘或偏激，民意很可能被欺骗和利用，从而产生混乱。因此，美国上院中的参议员，也几乎是由精英分子组成，其在位年限也较长。美国总统的任命，也只需参议院通过即可。美国历史上两院的投票结果几乎都是一样的，没有发生矛盾。只有在小布什第二次当选的时候出现过分歧：美国精英们（参议院）投票给小布什；但是美国民众（众议院）选择了戈尔。最后根据美国宪法，小布什胜出。也就是说，美国的总统，其实是由 273 位精英选出的，而不是我们印象中的民众直选总统。

相比于参议院，众议院的作用也很大。比方说，一些政策的制定和法律的修正案，参议院是没有权利修改的，只能由众议院参与修改。这样，两院的权利相互制约也相互依靠，各方利益都能收到保障和监督。

左上：美国国会大厦
右上：美国众参两院正在开会
左下：现任众议院议长博纳（右）宣布第 114 届国会开幕

图 3—2

最后，美国的三权分立，也参考了英国的政治制度，即立法、司法和行政三项权分立，分而治之，互不干扰。立法，就好比制定比赛章程，在比赛尚未开始之前，比赛规则就已经制定，大家需要在统一的规则下一起愉快的参与比赛。司法，就是裁判，裁判要根据已经制定好的比赛章程（立法）来监督和判罚比赛选手，他们只有解释司法的权力，没有制定法律和规则的权力。行政，相当于赛场的选手。在已定规则下，选手们可以发挥自己的各种能力，让比赛朝更加精彩的方向进行；只要不违规，他们的行为就是有效的。这种三权分立的法律制度可以较好的维护法律公平。反过来讲，如果司法机构（裁判）有立法的权利，即可以随意修改比赛资格，那么赛场就无公平可言，一切都以裁判的心情来决定。如果选手们（球员）也参与到裁判（司法）过程中，球员即裁判，也直接影响了比赛公平。三权分立的主要目的就是为了维护社会的公平和公正，当然，这种做法也会损害行政效率，也会带来其他社会问题。

（三）基督教义对美国社会的影响：人人平等，私产不可侵犯，科学和宗教共存

除了行政制度受英国影响外，美国的文化也受英国影响。美国虽然是一个提倡信仰自由的国家，但是信仰上帝是多数美国人的选择。这也和东方文化有很大的不同。我们可以看到，虽然美国总统的任命无须梵蒂冈或者其他教廷的同意，但是美国总统在就职仪式上，有把手放在圣经上面宣誓，这足以看出基督教文化对美国文化的影响。

欧洲大陆在很长的一段时间内信奉天主教，国王甚至都需要梵蒂冈天主教皇的加冕仪式，才能成为官方认可的国王。天主教中的普通民众没有和上帝直接通话的权利，他们必须通过主教或者神父才能与上帝对话。在几百年前，他们甚至可以向教廷购买赎罪卷，来弥补自己的罪过，升入天堂。也就是说，有钱人可以

随意犯罪，反正最后可以通过贿赂上帝而免罪。通过几百年的经营，天主教对政治和经济上的权力和影响力是非常大的。然而，新教徒认为，上帝面前人人平等，任何人只要通过自己的祈祷，就可以和上帝直接对话，并不需要通过神父。这种观念严重威胁了传统的天主教廷，因此新教徒受到教廷迫害，只能四处逃窜。然而，普通民主并不支持腐败的罗马教廷，新教的观点慢慢受到越来越多人的支持。从这里可以看出，传统的天主教阶层和权威性更强，更强调神权，而新教（基督教）更加平等，更强调人权。美国人民多是基督教徒，这就是基督教义对美国社会的影响。

表 3—2　美国开国元勋信仰表

乔治·华盛顿	基督教美国圣公会
托马斯·杰弗逊	基督教自然神论
本杰明·富兰克林	基督教自然神论
约翰·亚当斯	基督教自然神论
亚历山大·汉密尔顿	基督教美国圣公会
詹姆斯·麦迪逊	基督教自然神论

资料来源：根据公开资料收集整理。

在英国，也有一些人认为教会应该改革，一些激进分子被称为分离主义清教徒（Pilgrims），他们被政府教会迫害，后逃离到荷兰，后来又乘坐“五月花”号从欧洲来到了美洲大陆，并在普利茅斯（Plymouth）登陆。他们受到印第安人的帮助，建立了殖民地。这就是感恩节的由来。《五月花号公约》，其重要性不次于独立宣言和美国宪法，在开头就宣布了自己的宗教背景“为了上帝的荣耀和基督信仰”来到了殖民地，并且是“自愿结为公民团体”，最后确立了约定的基调，凡是“有益于本殖民地总体利益的，公正和平等法律、法规、条令、宪章与公职，吾等全体保证遵守与服从”。

图 3—3　感恩节大餐

图 3—4　白宫“赦免”火鸡仪式

签订独立宣言的美国的国父们，也多有基督教信仰。只不过那个时候，基督教的教义也有了新的发展。而这些新的思想，对美国的国策也有深远影响。他们普遍认为，首先，人性是有罪的，比方说原罪，即便上帝把良知植入人心，人们也有天生作恶的冲动。因此，他们不认可乌托邦式的无政府主义，因为如果无人管理和约束，人们本心的罪恶冲动会给整个社会带来灾难。他们希望政府要能够有足够的权力来遏制民众的邪恶冲动，制定相应规范约束人们的行为不至于犯错。同时，他们也畏惧权力，因为统治者也是人，也有犯罪的冲动，因此不能赋予统治者过大的权力。必须要成立有限权力的政府，否则统治者就会最终变成独裁者，与民众利益背道而驰。

与之相对的亚洲文化，我们更倾向于人性本善，或者无善恶之分。比方说，皇帝是天子，是代天在人间执政；在生活中，家长有绝对的权威；在工作中，领导的命令要服从；在学校，要听老师的话。因为我们相信，大家做事情的初衷都是友善的。在二战中，德国能够承认自己的罪行，有一个重要原因就是他们认为人人有罪，自己犯了错误也是正常的。而其他西方国家，也认为原谅一个罪人不是什么难事，因为自己同样也是罪人。而日本至今都巧言令色，不承认自己在亚洲国家的罪行。这种现象也是源于亚洲文化对于人性本善的惯性理解，总是给自己的罪行找理由。

基督教义对美国人民的价值观也有影响。对个人而言，美国人从人人平等的观念中延伸出对工作的理解，他们相信每一种职

共济会

共济会是个国际性的组织，其成员和身份很少公开，各国情况也有所不同。据有关材料透露，目前在40多个国家中共有3万多个共济会组织，会员约600万人，主要分布在美洲和欧洲，美国约为400万人，英国约为100万人。“共济会”在英文中称为“Freemasonry”（另一说法为Mesonic Lodge），即“自由泥瓦匠”的意思。起源不详，但大体可追溯到14世纪。当时一些泥瓦匠为了自身利益，保守手艺秘密，经常聚会，形成秘密社团。实际上是一个自称彼此“互相支持，互相接济”的行会组织。汉语正是取其意思译成“共济会”的。18世纪初，共济会在英国开始盛行。1717年英国几个社团在伦敦集会，公开宣布成立共济会。

乔治·华盛顿共济会国家纪念堂

共济会的基本宗旨为倡导博爱、自由、慈善，追求提升个人精神内在美德以促进人类社会完善。会员包括众多著名人士和政治家，申请者必须是有神论者，相信存在着一位神。共济会有其独特的信仰与道德准则，但又主张自由至上，提倡非教条原则。他们自称为远古奥秘知识的守护者，通晓天地自然以及宇宙的奥秘，基本宗旨为倡导博爱和慈善，追求个人美德与完善社会，通过一系列独特的象征符号与仪式教导成员达到一种超凡的精神状态。

业没有高低贵贱之分，都是神圣和平等的。他们都是应上帝要求而做工，并且替上帝掌管财富，是为了迎接上帝再来人间而做的准备。在上帝的“监察”下认真工作的精神，在工作中诚实的美德，也为美国的繁荣和发展奠定了基础。也因此，个人的财产

（也是上帝的财产）是神圣而不可侵犯的，财产权是人权的延伸，并且这种财产权被扩大到了对个人权利的保护。任何个人对其他人权利的侵犯，甚至政府对个人权利的侵犯，都会被看成对社会秩序的挑战。

对个人权利的尊重，还扩大到了宗教的信仰自由上，允许不同的宗教的共同存在，具有较强的包容性，这也为美国整体社会的包容性奠定了基础。在信仰上帝的同时，允许不同的教派和教义同时存在，美国还为此创立了共济会（Freemasonry），有点类似于民间团体，很多国父都是共济会成员。

其次，美国的宗教还并不与科学相悖，他们认为科学的理性和证据，是对上帝启示的补充。4 位伟大的科学家和哲学家——哥白尼（日心说）、伽利略（比萨斜塔自由落体实验）、培根（逻辑学和唯物主义）、牛顿（力学），都坚定信仰上帝。上帝把根本法植入人们心中，并且创造了世界，随后世界就按照既定的规律自然运行。人间的法律就是在上帝的根本律法下制定和执行的。

人生而平等，需要律法约束，工作是为了上帝，对政府权力的恐惧，对科学和理性的认可和推崇，对宗教信仰的包容，对个人权利的维护，所有这些源于宗教教义的思想，都构成了美国思想和精神的基础，并折射在美国的宪法和修正案中，一直贯穿在美国的发展历史中。

美国宪法和修正案折射的一个重要价值观：求同存异

我们可以从很多方面讨论美国精神，甚至好莱坞明星、麦当劳、NBA 中都可以反映出美国精神和美国人民的精神。但是，对美国这个国家来讲，最核心的体现是这个国家的宪法。宪法是美国的根本大法，也是指导其民众的根本守则。一切美国的制度和文化，既离不开宪法，也围绕着宪法。宪法在美国人心目中的地位，是无与伦比的。因此，想准确了解最核心的美国精神，就是要了解美国宪法所反映出的精神。

美国宪法的制定是一个渐进的过程。一开始，《五月花号公约》就已经打下了宪法的基础，定下了基本原则：即，美国宪法是大家共同商议的，能够给集体带来好处的约定；并且这个约定需要大家集体遵守。从《五月花号公约》中可以看出，宪法不是由某个权威人士颁布的，而是为了大家的利益，大家共同制定的约束大家的约定。以后的独立宣言，以及美国宪法也是基于这个理念；各个州的代表们，在维护本州利益的同时，可以适当让出部分权力或者利益，由中央政府按照所有州的约定来执行一些政策。其本质上也是大家一起商定好的约定。因此，宪法折射的第一个精神就是求同，这种集体首先是自愿结合加入，另外，为了更好的维护个体利益，几乎每一个决议都是这样讨论出来的，以商量（以后演变为辩论）的形式，制定一些需要共同遵守的法律和政策。

《五月花号公约》很重要，但是内容过于简单。第一部真正意义的书面宪法是脱离麻省建立康涅狄格州的那些人一起商定出来的《康涅狄格宪章》（Connecticut Constitution）。这个约定较为完善，更像是一种法律。这个宪章折射出的美国精神就是存异，这种集体首先是自愿结合加入，并不是通过暴力强迫。即便个体想离开集体，似乎从道理上也能说得通。康涅狄格人就是因为在理念上与麻省人有差异，所以才脱离麻省建立了自己的宪法体系和政府。麻省的人认为政教合一，参与政府管理和政策制定的，一定要信教才可以。而康涅狄格人认为，有选举权的人不一定非得是教会成员。同样，这种允许存异的精神，也是在内战时期，南方各省可以重新结成另一个联盟国的理念依据：加入联邦是自愿行为，同样脱离联邦也没有违宪。因此，从情感上来讲，虽然南方各州的独立看起来貌似是叛乱行为，但是在那个时候他们反而是受到各界同情的。这种联邦政府，和我们一直认为的国家概念是有一定差异的。

在这种求同存异的精神之下，一种公平的讨论，允许各方发表自己的意见并且最终达成统一，就是大多数法律和政策形成的过程。美国的宪法也不例外，这次讨论长达 5 个月，经历了无数次的辩论和相互妥协。比方说，奴隶是否算是参与投票的人口？参议院和众议院的席位，到底是按照每个州的人口数算、按财力算还平均分配到每一个州？总统和中央联邦政府到底有怎样的权利，各个州又有怎样的权利？如果无法妥协，那么就搁置争议，让后人解决。比方说废除奴隶制问题，在建国之初没有办法达成妥协，解决办法就是维持现状。

当然，一部法律并不能解决所有问题。这体现在很多方面。法律的一种缺陷体现在它不能自动与时俱进；随着时代的发展，社会结构发生变化，法律也需要改进，从而逐渐完善。美国的做法是通过修正案来实现这个目的。宪法和前十条修正案（1791 年通过），基本上做到了以下几条：限制了政府的权利：三权分立和国会议会制度。人权：平等、自由和民主，个人财产权等人权神圣不可侵犯。信仰自由。宪法未规定的权力，由各州和人民享有。美国的宪法从制定起，就经历了一个不断修正的过程。

关于修正案，有几个特点非常值得注意。

第一，前十条修正案被称为权利法案（不是权力法案）。这十条法案都是 1789 年 9 月 25 日提出，并统一由两年后 1791 年 12 月 15 日通过。

第二，虽然最长的宪法通过时间从提出到生效，用了 200 多年。除了最短的和最长的，平均修正案的通过时间只有一年多。效率还是很高的。

第三，从第十一条修正案开始，直接关于政府权力和总统权力的就占了五条。

表 3—3　美国宪法各修正案主要内容

	修正案主要内容	提出日期	生效日期
第一修正案	保护言论自由、信仰自由、出版自由，以及集会的权利、抗议的权利和请愿的权利	1789 年 9 月 25 日	1791 年 12 月 15 日

续表

	修正案主要内容	提出日期	生效日期
第二修正案	保护持有与携带武器的权利	1789年9月25日	1791年12月15日
第三修正案	在和平时期，未经房主同意，士兵不得在民房驻扎；除依法律规定的方式，战时也不允许如此	1789年9月25日	1791年12月15日
第四修正案	禁止不合理的收押，并载明须有基于相当理由，由中立的法官或裁判官裁定的搜索票	1789年9月25日	1791年12月15日
第五修正案	载明公诉须经由大陪审团起诉与征收的规则，保护正当程序的权利，并禁止自证己罪和双重审判	1789年9月25日	1791年12月15日
第六修正案	保护接受迅速、公平、公开及由陪审团审判的权利，包括告知被指控之罪、与原告对质、取得证人与聘请律师的权利	1789年9月25日	1791年12月15日
第七修正案	根据普通法，规定在特定民事案件中由陪审团审判的权利	1789年9月25日	1791年12月15日
第八修正案	禁止过高的罚款与过高的保释金，及禁止施予残酷且不寻常的惩罚	1789年9月25日	1791年12月15日
第九修正案	保护在宪法中未列举的权利	1789年9月25日	1791年12月15日
第十修正案	将宪法未授予美国联邦政府的权利保留给各州	1789年9月25日	1791年12月15日
第十一修正案	使各州免受他州公民或不住在州内的外国人起诉，奠定主权豁免的基础	1794年3月4日	1795年2月7日
第十二修正案	修改总统选举的程序	1803年12月9日	1804年6月15日

续表

	修正案主要内容	提出日期	生效日期
第十三修正案	废除奴隶制和强迫劳役，除非是作为犯罪的惩罚	1865 年 1 月 31 日	1865 年 12 月 6 日
第十四修正案	定义公民权，包含特权或豁免权条款、正当程序条款、平等保护条款，并处理内战后的问题	1866 年 6 月 13 日	1868 年 7 月 9 日
第十五修正案	选举权不能由于种族、肤色、或以前曾服劳役而遭受剥夺，此时尚不包括性别	1869 年 2 月 26 日	1870 年 2 月 3 日
第十六修正案	允许联邦政府征收所得税	1909 年 7 月 12 日	1913 年 2 月 3 日
第十七修正案	确立代表各州的美国参议员必须由民众直接选举	1912 年 5 月 13 日	1913 年 4 月 8 日
第十八修正案	制定禁酒令，禁止在美国国内制造、运输酒类（后被第二十一修正案废止）	1917 年 12 月 18 日	1919 年 1 月 16 日
第十九修正案	公民的选举权不因性别而受限，即确立女性的选举权	1919 年 6 月 4 日	1920 年 8 月 18 日
第二十修正案	修正国会与总统的上任日期与任期（前者在 1 月 3 日，后者在 1 月 20 日），被称作“跛脚鸭修正案”	1932 年 3 月 2 日	1933 年 1 月 23 日
第二十一修正案	废除第十八修正案，并禁止违反关于酒精的州法律	1933 年 2 月 20 日	1933 年 12 月 5 日
第二十二修正案	限制一个人可以被选为总统的次数：一人不能被选为总统超过两次，以及在他人当选任期中担任了两年以上者，不能当选超过一次	1947 年 3 月 24 日	1951 年 2 月 27 日
第二十三修正案	规定首都华盛顿特区在选举人团中指派代表的方法	1960 年 6 月 16 日	1961 年 3 月 29 日

续 表

	修正案主要内容	提出日期	生效日期
第二十四修正案	禁止因为没有支付人头税而撤销投票权	1962 年 9 月 14 日	1964 年 1 月 23 日
第二十五修正案	将泰勒先例编纂成为法例，定义总统继任的程序	1965 年 7 月 6 日	1967 年 2 月 10 日
第二十六修正案	确立年龄 18 岁以上之人的投票权	1971 年 3 月 23 日	1971 年 7 月 1 日
第二十七修正案	防止影响国会薪资的法律生效，直到下一任的代表被选出	1789 年 9 月 25 日	1992 年 5 月 7 日

四、重要历史人物和事件

（一）欧洲的哥伦布与明朝的郑和

谈起波澜壮阔的大航海时代，我们最熟悉的航海家莫过于发现新大陆的哥伦布。但是，我们也肯定从历史课本中学到过七下西洋的郑和。郑和要比哥伦布早近百年，并且，郑和的舰队，无论是在数量、质量还是技术层面上，相比哥伦布的船队都有优势。但是，为什么发现新大陆的不是郑和，而是哥伦布呢？这背后的原因值得我们深思与探讨。

小而精的探险队 VS 大而全的“国家队”

作为中世纪时代最具挑战性的事业，远洋航行对科学理论与技术装备的集成化的要求无疑是同时代的绝大多数领域所不能比拟的（即使在今天依然如此）。换而言之，通过对哥伦布与郑和两支舰队技术水平的考察，也可一窥当时东西方科技水平的差异。英国科技史学家李约瑟在其所著的《中国科学技术史》一书中，曾将中国古代造船和航海技术与西方世界进行过较为详尽的对比。

表 4—1　中国古代造船和航海技术与西方世界对比

技术项目名称	中国采用大致年代	欧洲采用大致年代
水密隔舱	公元 5 世纪	18 世纪
船壳包板	公元 11 世纪	16 世纪以后
车船（轮船）	公元 8 世纪	16 世纪
航海指南针	公元 11－12 世纪	公元 12 世纪末 13 世纪初
平衡舵	公元 11 世纪	18 世纪末 19 世纪初

资料来源：根据公开资料收集整理。

从表 4—1 可以看出，在相当长的时间里，中国古代的造船技术一直领先于西欧，直到 14 世纪之后，二者的造船技术才基本持平。而在此之后，由于航海带来的巨大收益，大量的人财物投入到新舰船的研制中去，15 世纪之后，西欧的造船业蓬勃发展。而与此相对的是明末的海禁和清朝的闭关锁国造成的中国造船业的倒退。

哥伦布早在 1474 年就开始酝酿这次远航，根据自己多年的航海冒险经历，他在很早的时候就已经接受了地圆说，并相信只要一直向西航行也一定可以到达传说中富裕、文明的中国和印度。但苦于葡萄牙已经控制向东到达中国、印度的航线，西欧诸国对他的计划都没有兴趣。直到西班牙在与葡萄牙的竞争中处于明显的劣势，西班牙王室才决定另辟蹊径，哥伦布的远行才得以实现。1492 年第一次跨越大西洋时，哥伦布旗下的三艘远洋舰载重均不过百吨（旗舰圣玛丽号约为 100 吨，平塔号与尼尼亚号均不足百吨）。探险队伍共计 88 人。之后的三次远航，舰队的规模有所扩大，但舰船的吨位没有出现大的变化。可以说，单就舰船的吨位而言，哥伦布的舰队难以与郑和舰队比肩。但哥伦布舰队得以劈波斩浪，自有其独到之处。郑和同时代的欧洲，在葡萄牙亨利王子的赞助下，成立了专业化的航海技术学院，建立了海图制图学校及海员学校，正是在专业化的研究下，欧洲的天文导航技术在 15 世纪中期就已经超越中国，其后出现了综合了西方横帆船（利于在狂风中远航）和东方纵帆船（利于逆风航行）各自优良性能的全装备帆船，其帆船的操作性能和航行能力迅速超过了中国。

经过洪武一朝30余年的休养生息，明朝在永乐年间迎来了一个久违的盛世，国力强盛、经济发达、文化繁荣。在继承宋元以来丰富的造船经验基础之上[①]，明代的造船技术终于登上了中国古代，乃至同时代全世界造船技术的巅峰。郑和先后7次大规模远航，所依仗的正是这些体型庞大、设备完善的巨舰。据《明史》和《瀛涯胜览》记载，郑和船队的旗舰——大宗宝船，最大的长44尺（138米）、宽18丈（56米），最多可容纳1000人。而作为郑和下西洋主力舰船的中号福船15～20丈长，即40～60米，配6桅12帆。船舶的大小直接影响续航能力，是反映一国建造和设计能力的重要指标。此外，中国人使用航海罗盘已有数百年的历史，导航的精度和复杂海况下的可靠性等问题都得以完善。

总体而言，两支代表了东西方最高技术水平的舰队侧重点不同，功能也不尽相同[②]，在整体技术水平上各有千秋，不分轩轾。这也反映截至双方远航时，西欧与中国的科技水平大致处于同一水平（郑和远航比哥伦布早80年）。而中国在综合国力上则远远强于以西班牙为代表的西欧诸国。

国家政策的影响和海洋文明的惯性，促使发现新大陆

从现代史的意义上说，正是以哥伦布为代表的冒险家们在15、16世纪之交所进行的航海活动和地理大发现，开创大航海时代，人类也由此进入新纪元。联通印度、中国、东南亚的航路的开辟更是殖民时代的开端。进一步地，殖民活动带来的世界财富向欧洲的加速转移反过来改变了欧洲社会阶级的力量对比，掌握

① 宋代由于经济中心的南移以及商业的高度发达，为适应江南水网密布的交通环境以及宋朝政府极其重视海外贸易以拓展财源，宋朝的商船制造及使用技术得到极大发展。有资料表明，早在元朝中前期，在西方看来极为复杂的四桅船已经在中国大规模使用了。

② 明朝宝船建造如此巨大是因为其还有外交功能，建造的太小不能展现“天朝国威”。而哥伦布的探险帆船则更注重操作的灵活性，不能造得太大。

更先进生产方式的新兴阶级在这场历时数百年大变革中逐渐掌握了主动权，从而推进了欧洲社会大发展。可以说，欧洲文明从欧亚大陆鄙陋的边陲，华丽转身为文明世界的中心，正始于此。而这一转身之所以得以实现，除了“上帝的庇佑”等一些偶然的因素外，还有一些植根于西欧人血脉中的必然性。

自希腊城邦时代以来，商业一直是欧洲社会经济赖以发展的重要支柱。在古罗马时代，甚至出现完全依靠贸易立国的国家——迦太基。以古希腊为例，狭小的希腊半岛遍布山地丘陵，既不适宜农作物的耕作，也不适合城邦间大宗货物的流通。这使得希腊人在很早的时候就必须依靠海路的进口来维持国民最基本的物质需求，不断寻求新海上贸易线（那时主要是地中海和黑海）也就成为古希腊人赖以生存、发展的必然选择。随着古希腊诸城与埃及、意大利、波斯等国贸易的深入，以金属铸币为特征的商品货币经济与航海事业的发展也就成为顺理成章的事情。这种商业精神与航海精神在经过千年的沉淀，已经在欧洲人的民族气质中留下了不可磨灭的烙印。可以说，就民族性而言，欧洲人的骨子里面就充斥着逐利性和冒险精神。

即使是在“最黑暗、最沉闷”的中世纪，欧洲人这种精神气质也没有被磨灭。以马可·波罗为代表的旅行家们（同时也是商人）在商业精神和冒险精神的引导下，也不自觉地完成了东西方文明的一次对话——《马可·波罗游记》。正是这一次并不确切的对话（虽然这本书中有夸张和杜撰的成分），对15世纪之后的欧洲的航海事业起到了巨大的推动作用。意大利的哥伦布、葡萄牙的达·伽马、鄂本笃，英国的卡勃特、安东尼·詹金森和约翰逊、马丁·罗比歇等众多的航海家、旅行家、探险家，承载着欧洲利益阶层打通与中国海洋丝绸之路的希望，他们或东或西，寻访中国、印度。逐渐地，一张有别于中世纪西方神权描述的、经过检验的世界地图真真切切展现在世人面前。而这两种精神气质也随着哥伦布发现美洲，被后来的美国人所继承，并在美国的西进运动中得到淋漓尽致地展现。

地缘政治学认为，海陆兼备型大国往往面临“向海还是向陆”的战略难题，陆上的威胁常常使得这类大国难以集中国家资源发展海上力量。法国、德国以及中国都是这样的大国。明朝的建立可以看作是中原民族中兴的一个标志，经历了五代十国的混战，南北宋偏安一隅，以致蒙古铁骑南下时的山河破碎。自盛唐之后，汉民族终于又一次主宰了东亚大陆的大部分区域。蓝玉、永乐帝等名将在之后的一系列军事行动中屡屡击溃北元，消除了困扰中原民族数百年的陆上威胁。这也为之后郑和七下西洋扫平了最大的后顾之忧，大明王朝在这一时期也得此良机将目光投向比北方草原更辽阔的大海。然而，后来的历史证明，这样的良机是稍纵即逝的。纵观明朝之后的200年中，内忧频生，外患再起，再无此良机。

“靖难之役”的大捷使朱棣荣登帝位，朱棣本人的作为也证明其无愧“大帝”的称谓。从亲征漠北、横扫北元，到力排众议，迁都燕京，再到编修永乐大典。无一不是大动作、大手笔。而远航西洋，引万国来朝，无疑是这些大手笔中最为耀眼的一项。从心理学的角都分析，“非正统”的出身，将很大程度上影响永乐帝的所作所为——勤政爱民，文治武功。这些都有获取世人和史家认同的潜在用意。就这一点而言，永乐帝朱棣与唐太宗李世民是相似的。明朝前期皇帝的威望和权力颇大，也只有在那时，以永乐帝的决心和魄力才能一改相对保守的儒家对外战略，将国力投向广袤的大洋。可以说，郑和舰队得以起锚远航，是基于一位有能力和勇气挑战中国传统陆权思维皇帝的个人意志。这一点与哥伦布舰队的远航有着根本的区别。因为，在西欧的绝大多数时代，并不缺乏逐利而航海经验丰富的冒险家，以及支持航海家的王室集团和其他利益集团，即使没有哥伦布，李伦布、张伦布……只要技术进步到可行的程度，终有一天西欧人会发现美洲并将其作为自己的殖民地。而对中国而言，没有外患、国力强盛、具有超越传统思维的大帝，这三条同时具备的时代，仅此一家，绝无分号。

商业利益趋向开启殖民时代的大门

无论是对于以郑和舰队为使者代表的大明王朝，还是以哥伦布舰队为先驱的西欧诸国，航海都是其突破自然的限制，向外传播文明的过程，也是文明与民族之间跨区域交往的过程。虽然中西方的航海事业都取得了巨大的成功，但由于本身文明属性的不同，他们对外表现的交往模式也截然不同。

掀开“为了国王！为了上帝!”的外衣，让其子孙继承新殖民地的总督权、获得全部战利品的10%，才是激励着哥伦布的决定性因素。与哥伦布一样，后来的冒险者们都从新大陆中获得了难以计数的利益。反过来，也正是利益的驱动，才使得这条新航路愈加繁忙。从开始的欺诈、强买强卖，到后来的军事征服甚至种族灭绝。阿兹特克、印加、玛雅等文明的相继灭绝正是殖民时代残酷性的写照。欧洲将海洋贸易作为原始资本积累与领土扩张的主要途径（后期演变成原材料供应基地和倾销市场）。殖民体系虽然也在客观上起到了向殖民地传播文明的效果，但不容置疑的是，殖民体系给当地土著文明带去的更多的是血腥、毁灭。

美国建国后，面对广袤西部的“无主地”，开始了极富远见的西进运动。在西进的过程中，大批新时代的哥伦布应运而生，他们热衷冒险、勇敢奋进，追逐财富、富有商业精神。他们为美国开疆扩土以致成为世界上唯一的超级大国奠定了基础，也给沿途的印第安人带去了不可磨灭的创伤。

与海上商业文明为主的西欧人则在随后的数百年中逐步建立起覆盖全球的殖民体系不同，传统陆上农耕文明为核心的中国人建立起朝贡体系。维护并经营朝贡体系的中国舰队所到之处坚持“厚此薄彼”的贸易交往原则，为当地文明带去了茶叶、瓷器等珍贵商品，传播了大明的文明与宽厚；坚持“正义无私”的政治交往原则，调解国与国之间的矛盾分歧，帮助剿灭危害一方的土匪、海盗，维护了地区的安全与和平。郑和舰队所到之处，也将中国传统的“以和为贵”、“己所不欲勿施于人”等价值观传播于四海，受到了当地人民的普遍拥戴和真心敬服，纷纷派出使者（大多是当地的王室贵族）随船一睹“天朝神韵”。但随着明中期北方威胁的再次崛起，以及明王朝自身的治理危机。正如被刘大夏侍郎刘大夏焚毁的大宝船设计图一样，郑和的第七次下西洋也成为中国古代航海史上的绝唱。

（二）华盛顿和他的朋友们：当时美国最有钱的人们

在中国人的传统历史观中，美国的建立不过是中国古代“王朝更替”的西洋版：腐朽、衰败的大英帝国在新大陆为非作歹，对殖民地人民作威作福。终于，哪里有压迫，哪里就有反抗。忍无可忍的底层人民在优秀“农民领袖”华盛顿的带领之下，经过艰苦卓绝的努力，推翻了大英帝国的反动统治，建立了自由民主的美利坚合众国。这种观点即使是在现在，都被许多中国人所认同。的确，从历史的维度来看，美国的独立顺应了当时绝大多数北美民众的意愿，并为美国在随后不久到来的工业革命乘势而上创造了政治条件，可以说顺应了历史的潮流，是值得肯定的。然而，以华盛顿为代表的美国国父们真的是为“劳苦大众”揭竿而起的“农民领袖”吗？

表 4—2　乔治·华盛顿等人的资产状况

	财富（折算 2003 年）	土地（平方公里）	移民
乔治·华盛顿	5.25 亿美元	32.4	四代移民
托马斯·杰弗逊	2.4 亿美元	20.3	三代移民
詹姆斯·麦迪逊	1.13 亿美元	20.3	四代移民
1774 年美国自由人	约 14 万美元	—	—

资料来源：根据公开资料收集整理。

2003 年，福布斯杂志曾经发布过一份《美国十大富豪总统》的榜单。“开国国父”乔治·华盛顿赫然位列榜首！这位带领北美十三州脱离英国殖民统治的初代总统拥有净资产 5.25 亿美元（据 2003 年物价水平折算），坐拥超过 8000 英亩土地（3237 公顷)、多个农场,以及300多名奴隶,种植烟草和威士忌酿造,1789年他的年收入占当年美国财政预算总值的2%。除此之外,华盛顿还通过他的妻子继承了大量财富。华盛顿算是美国响当当的首富。

对于不存在“重农抑商”的欧美社会而言,政治地位与经济地位极为不符的情况极为少见。殖民早期崛起的新贵族大都精于理财,华盛顿家族也不例外。华盛顿家族受封于英王亨利八世,其家族成员在大英帝国的都铎王朝和斯图亚特王朝担任过要职。英格兰清教徒革命后,华盛顿一族家道中落并分为数支,其中一支在约翰·华盛顿兄弟的带领下于1657年远渡大西洋,移民至弗吉尼亚。而乔治·华盛顿正是约翰·华盛顿的曾孙。高贵的出生、殷实的家底,使得华盛顿得以获得良好的家教,虽然华盛顿没有向其兄长劳伦斯那样去英国接受最高等的贵族教育,但其从小获得的教育资源远非一般家庭可比。不仅如此,即使移民北美,华盛顿家族依旧以大英贵族的身份为荣并想方设法重现祖上荣光。在北美殖民地时期,参军是进入上流社会的途径之一,华盛顿和他哥哥及都曾在英军服役。华盛顿被人们所广为称道的军事指挥才能,正是其在担任英军上校期间,在与法国军队争夺殖民地的战争中锤炼出来的。可以说,青年华盛顿的成长环境虽说谈不上显赫一时,但也绝对属于弗吉尼亚本土精英了,长兄劳伦斯死后,华盛顿理所应当成为家族的新一代家主,在迎娶本州最有钱的寡妇——玛莎·科斯提斯之后,年轻的华盛顿也正式步入上流社会。

关于之后华盛顿为何能一路扶摇直上成为大陆军司令,史学家也曾有过争论。毋庸置疑,华盛顿杰出的军事才华是其中的一个重要因素,但其殷实的家底在这其中所起到的加分作用也不容忽视。在大陆军的军官中,像华盛顿这样土豪确是少数,更多官兵来自社会中低阶层。毕竟有钱人家普遍认为,相比把脑袋别在裤腰带上的军队,还是让孩子当律师和商人更安全。而对于底层民众而言,参军却是其出人头地的重要途径。早期大陆会议的权力极为有限，对各州征税的过程和菜场大妈讨价还价没有本质区别。因此，大陆军的军饷也时常没有着落。不光普通士兵和下层军官的生活难以为继，甚至连一些高级军官常常囊中羞涩。举一个例子：1779 年 4 月 7 日，首都费城的警备司令请求宾州政府为自己涨薪水，原因是通货膨胀和货币贬值，他的薪水已经难以负担执行公务所需的“体面的”衣服了。类似的例子在当时的大陆军中还有很多。直到法国的参战，大陆军的财政状况才稍有改善。在这种情况下，华盛顿得以出任总司令的一个原因就是他不要工资（以他的家底这点工资还真看不上），而其他几位原英军军官是要挣薪水。而且从小受过良好教育、出身上流社会的华盛顿与其他“丘八”军官相比，更善于和律师、商人出身的议员们打交道。他就任总司令后把很多精力都放在和议会就粮饷问题的扯皮上。

华盛顿的朋友们，如与他之名并称的托马斯·杰弗逊、约翰·亚当斯、亚历山大·汉密尔顿等几位开国元勋除自学成才的“全能博士”——本杰明·富兰克林①，以及苏格兰贵族的私生子亚历山大·汉密尔顿外，其他三位也并非出生平民。作为美国的第三任总统，托马斯·杰弗逊曾就读于美国顶级学府威廉斯堡的威廉与玛丽学院哲学系②。就读期间，杰弗逊更是加入了该校的一个神秘的精英组织——扁帽俱乐部（类似于耶鲁骷髅会的精英社团）。毕业后，杰弗逊成为一名远近闻名的律师并于两年后成为维吉尼亚州议员，后升任州长。仅仅在蒙蒂塞罗一地，杰弗逊就拥有 5000 英亩的土地，鼎盛时期有多达 150 名奴隶为其劳作。尽管后来遭遇地产危机，杰弗逊的资产大幅缩水，但其资产最丰之时仍超过 2 亿美元。约翰·亚当斯出生在一个清教徒家庭，父亲在英军担任过中尉，后在马萨诸塞州的布雷茵特里任治安官等公职。毕业于哈佛大学后，亚当斯成为了一名律师并很快有了自

---

① 本杰明·富兰克林是美国历史上少有的百科全书式的全才，集科学家、政治家、医学家、外交家、文学家、慈善家、记者、出版商等诸多头衔于一身。

② 在欧美各国，不是极为富有的家庭一般不会让孩子以哲学为专业。

己的律师事务所。1770年，他代表波士顿入选州议会，并担任州议会的法律顾问。值得一提的是，约翰·亚当斯的出身并不算显赫，但是，美国建国后发展最快的正是他的亚当斯家族，其堂兄塞缪尔·亚当斯同为《独立宣言》签署人之一，其子约翰·昆西·亚当斯在美国独立后曾先后任驻普鲁士、荷兰和俄国的大使，众议院议员，国务卿，并最终问鼎第六任美国总统。同样位列十大富豪总统之列的还有第四任总统詹姆斯·麦迪逊。出生于南方大种植园家庭的麦迪逊自幼受过良好的教育，作为最年轻的美国国父，毕业于普林斯顿大学的他沿着律师—州众议员—州参议员——大陆会议代表—联邦众议员—国务卿的道路一步步成长。据统计，麦迪逊在全盛时期，名下拥有5000英亩的土地和大批黑奴，净资产高达1亿美元。

在1776年的大陆会议的第一次集会上，在那份由托马斯·杰弗逊起草，并由其他13个殖民地代表共同签署的《独立宣言》上共有56人签名（没有华盛顿）。在这签名的56人中律师25人、商人15人、医生4人、种植园及奴隶主10人、科学家1人、牧师1人。可以看出，领导美国独立战争的元勋们几乎全部出身中产阶级以上。他们都是白人男性，家底殷实、受过良好的教育、有稳定的收入，祖上几乎全部来自英国、荷兰等国，全部信奉基督教。他们是那个时代名副其实的精英阶层。也就是说，美国独立运动的本质是本土精英与宗主国上层精英的一次大决裂，并夺取对北美十三州支配权的一次成功的政治冒险，而并非传统意义上的自下而上的革命。

美国之后的政治统治格局也验证了其“精英共治”的本质。精英政治的最主要的特点是妥协性与延续性。

自第一任华盛顿到第十六任林肯期间，美国的南北政治精英一直维持着微妙的平衡——即不成文的“轮流坐庄”制。出身南方、代表大种植园农场主利益的与出身北方、代表工商业主利益的总统人数大致相当。新加入的州的奴隶制的存废等敏感问题，南北精英也大多采取冷处理的方式，争论也仅限于理论上，远远到不了政策执行层面。这些充分体现了精英阶层内部协商民主、照顾彼此关切的妥协性特质。

罗伯特·米歇尔斯在结合19世纪末欧洲主要政党的发展实践的基础上，提出了“寡头统治铁律”这一著名论断，即领导者与被领导者的距离随着组织职能的专业化和运行机制的复杂化而不断拉大。他们日益形成一个封闭的、几乎不受制衡的集团，权力逐步集中于这些少数人手里，致使他们形成一个寡头集团。而“寡头统治铁律”在美国的重要体现之一就是家族政治的崛起。截至目前，在当选的44任总统中，共有8位、4对美国总统之间存在直系的亲属关系。其中包括第2任总统约翰·亚当斯和第6任总统约翰·昆西·亚当斯（父子关系）、第9任总统威廉·亨利·哈里森和第23任总统本杰明·哈里森（祖孙关系）、第26任总统西奥多·罗斯福和第32任总统富兰克林·德拉诺·罗斯福（堂叔侄关系）、第41任总统乔治·H. W. 布什和第43任总统乔治·沃克·布什。

如果将调查对象扩展到议会，那么这种家族特征则更明显。据布朗大学经济学教授佩德罗·达尔·博统计，在1789年成立的首届美国国会中，有足足45%的成员有亲戚在国会共事。200多年后的今天，10%的国会成员至少有一位近亲在众议院或参议院任职。证据随处可见：汉密尔顿家族、戈尔家族、穆尔科斯基家族、洛克菲勒家族、贝克家族、多尔家族、亚当斯家族、米克斯家族、肯尼迪家族、罗斯福家族等。布鲁金斯学会的历史学家斯蒂芬·赫斯在其早期著作《美国的政治王朝》中揭露了这样一个事实：截至20世纪60年代，有700个家族产生了两名或两名以上的国会议员，也就是说，美国国会参众两院17%的议员来自这些家族。赫斯说：“最初是谁最能胜任的问题。而随着时间的流逝，逐渐成为门第问题。”他说，美国首批领导人都是从“国家的精华”中挑选出来的，只要这些精英是有产阶级中间信仰基督教的白人男性。

（三）影响美国建国的两个外国理论：地圆说和国富论

正如新生的婴儿需要母亲的哺育一样，北美作为一片新兴的大陆，在保留其文化的独特性的同时，不可避免地要受到“旧世界”的影响。在欧洲的诸多的理论中，对其影响最为深远的两大理论要属地圆说和国富论了。前者促成美洲与欧洲的相遇，并塑造了北美人的世界观；后者则在美国顺利建国并最终成为超级大国的历程中留下了难以磨灭的印记。

“地圆说”与美洲大陆的发现

西欧文明起源于古希腊，而古希腊的科学文化在雅典时代后期和中世纪中前期遭受了数度毁灭性的破坏。整个中世纪，由于教权的空前膨胀，教会在事实上垄断了教育的权力。为了维护统治的“神圣性”与教众的“虔诚”，大多数民众独立思考的能力被大量荒谬、枯燥而又经不起推敲的“经典”所羁禁，束缚在神权的黑幕之中，难现科学与理性的光芒。这一时期的欧洲，在科学技术、经济文化等领域，不仅难以与同时代的中国、阿拉伯等文明比肩，就是与数百年前的希腊相比，也颇为不如。根据《圣经》记载，人们居住在一片圆形的大陆上，四周被海洋所环绕，在陆地的四周由数根大柱子一起支撑起天空……作为基督教权威的基石，这一世界观在很长一段时间内都是不容置喙的“铁律”。

其实，早在公元前 6 世纪，古希腊数学家毕达哥拉斯就已经第一次提出了“地球”这一概念。约公元前 3 世纪，亚历山大大帝时代的科学家埃拉托色尼已经用几何学方法确立了“地球”这一概念的客观性。随后，到公元 2 世纪，天文地理学家托勒密在其专著《天文学大成》中也将地球描述成球形。直到麦哲伦完成环球航行，地圆说才真正从纸上的数学推导变为铁证，被普通民众所广泛接受。

然而，以哥伦布为代表的大航海时代的先驱们不是普通民众，常年的航海在外、游历异邦不仅开拓了他们的眼界，使得他们思维更开放、从更多维度思考问题，更使得他们比普通民众重视“常识”的重要性。自 14 岁成为见习水手后，哥伦布的足迹遍布地中海、北大西洋等地。心细如发的他应该早已发现：当一艘船驶近时，首先出现的是船的桅杆，当一艘船消失在地平线时，桅杆仍然露在水面上；所到的东西距离较远的地点，日落的时刻也不尽相同等等——只有地球是球形的，才会出现这种情况。在一次海战中，哥伦布因船只被毁漂流至葡萄牙。在葡萄牙期间，哥伦布系统地学习了天文、地理、潮汐、风向等知识，并在船只驾驶、海图测绘、航行定位等领域获得巨大的收获。正如他在日后回忆的那样：“我从小置身海洋，为的是在海上航行，且一直坚持至今。航海的技巧激励那些终于航海事业的人在探索这个世界的秘密。充分地研究了天文学及几何算术，我能全神贯注、得心应手地画出地球的形状和地球上的城市。”随着经验的积累，哥伦布从航海实践中搜集了很多不为其他船员所重视的、能够证明大西洋遥远的地方有陆地的证据。例如，如果西风持续地猛吹，海上飘来既非欧洲人也非非洲人的尸体，而这些尸体的样貌与《马可波罗游记》中描述的东方人的样貌更为接近。正是这些细节，使得哥伦布更加深信“地圆说”。

在最终决定西行之前，哥伦布特地拜访了意大利学者托斯坎内，请教西行抵达中国、日本的具体距离与路线问题。但哥伦布并不认同托斯坎内所说的从里斯本出发西行 5000 海里到达可汗国（大元）的观点，因此，哥伦布的西行计划推迟，他需要更加精确的计算。由于地球是圆形，在不同纬度上的两个经度之间的距离又不同，那么，在里斯本或亚速尔群岛的纬度上，两个经度间距离是多少呢？根据当时的数据知识及葡萄牙航海机构研究者们的计算方法，哥伦布估算出 1 经度大致等于 50 海里（低于托斯坎内估计的 62.5 海里）。按这个标准计算，距所要去的东方目标不足 4000 海里（然而事实上从里斯本向西抵达日本的距离都超过 10000 海里，更罔论中国）。由于技术条件的显现，哥伦布的计算结果是错误的。但正是这一错误的计算，坚定了哥伦布西行的决心。此后。哥伦布为这次远航的赞助四处奔走，在碰壁多次后，终于成行。

正是“地圆说”理性的曙光指引着哥伦布发现了新大陆，也正是哥伦布等航海先锋们的无畏与坚持，才让这真理光芒照进中世纪的黑屋，驱散了愚昧、迷信。人类文明也因为这光芒的重现而进入了一个新的时代。

“国富论”与美国建国

公元 1776 年注定是人类历史上不平凡的一年。在这一年，北美十三殖民地邦所组成的第二届大陆会议批准了杰弗逊起草的《独立宣言》。随着与会的 56 位代表相继在《独立宣言》上签字，北美十三州正式脱离大不列颠帝国而独立。这一轰动的事件并没有减少西方世界对三个月前大西洋彼岸另一件大事的关注——《国富论》在英国出版。如果说，《独立宣言》象征自由主义在北美伟大政治实践的开始，那么《国富论》则标志着自由主义在西方经济学领域确立统治地位。这对命运的双生子在之后的近 300 年时间里交相呼应，深刻地改变了上至国家下至个人的思考方式和交往方式。

《国富论》全名《国民财富的性质和原因的研究》（*an inquiry into the nature and causes of the wealth of natlons*），其研究的核心内容是富国丰民。当亚当·斯密在论及政治经济学目的时，他言道：“政治经济学是属于政治家或立法家的一门科学，其目的有二：一、为人民提供丰富的收入或生活资料，或者更确切地说，使人们能为他们自己提供丰富的收入和生活资料；二、为国家提供充足的维持公共服务的收入。”从《国富论》开篇的寥寥数语就可以看出，在亚当·斯密看来，国家和个人并不完全对立，国富与民丰并不矛盾，国家是个人的组织者，而普通个人的劳动才是财富的源泉。所以，国家想要完成以上两大目标，必须通过提高本国的劳动生产力。

国富论的主要观点与之前风行了百年的重商主义经济学背道而驰。重商主义认为，金银等贵金属才是财富的源泉，因此，睿智的国君应当在国际贸易中通过关税壁垒减少进口，扩大出口以赚取尽可能多的金银财富以充实国库。重商主义经济学的观点虽然并不完全正确，但仍然具有相当解释力，比如在其指导下西欧的财富从依靠航海冒险、殖民掠夺西班牙、葡萄牙向依靠手工制造业、农业的英国法国加速转移的作用。因此，重商主义经济学在当时的欧洲统治阶层被广泛认同，算是经济学的“正统”。

然而，随着经济生活的日益复杂，重商主义的解释力越来越弱，斯密的古典自由主义经济学正是建立对重商主义的批判上逐步形成、完善的。比如，传统的重商主义经济学十分重视关税的作用，认为关税是国家增加收入、保护本国产业的重要手段。而斯密从《国富论》第一章开始从“针”的制作为切入口①，从微观角度论证了“分工可以提高效率”这一命题。斯密认为，在一个“理性人”的社会中，所有的人都有趋利避害的本能，因此，只要发挥“看不见的手”——市场，自由和普遍的竞争势必驱使个人，为了获利而从事自己擅长的工作并采取良好经营方法。整个社会的生产力也会因为无数人效率的提高而提高。因此，国家在此过程中只需要扮演好“守夜人”的角色即可，提供安全这一公共物品，使国家免受外敌入侵；制定良法，维护市场秩序，不必过多地介入市场，过高的税负和政府干预反而会使得社会福利受到损失。

随后他将这些结论应用于国际间的贸易。斯密认为，国与国之间的贸易就是广义上的劳动分工，如果每个国家都从事擅长的

---

① 18 世纪前叶制作针大约有 18 道工序，每一道工序都由专门人才从事。因此，一个 10 人的小工厂每天能制造 48000 枚针。如果他们独立工作，不专门从事一种工序，他们谁都不会每天制造 20 枚针，也许连 1 枚都造不出来。

产业，并用这种专业化的劳动产品用于与其他国家交换它们所擅长的劳动产品，所有的国家的状况都会变得更好。而过高的关税只会降低国与国之间的贸易意愿，从而造成几个国家共同的利益损失。而针对反对者所提及的关税对于国家产业保护的作用，斯密强调，国家层面的进出口限制在开始阶段可能对国家的产业发展有好处，但受到保护的主要是为了富人和权贵阶层的利益而从事的劳动，而为赤贫者的利益而从事的劳动经常受到忽视甚至压榨，导致社会总体福利受损。此外，在国家保护下的国内产业也会由于缺少竞争逐渐失去创新的源泉，最终会走向衰败。

巧合的是，当时激战正酣的美英两国领导人都被《国富论》中的观点所影响，并在战争中做出了各自的选择。其实，《国富论》中的一些观点，并不是亚当·斯密首创。自文艺复兴之后，古典人本主义思想已经开始影响经济学，亚当·斯密的伟大之处在于其独特的微观视角和系统的理论推导。

受到亚当·斯密“贸易自由”理论影响的英国政经精英阶层，认为耗费巨资与这十三块殖民地进行这场战争很不明智：首先，战争耗资颇巨，事实上英国尚未从与法国的七年战争中完全缓过劲儿来，大量因战争而发放的债券需要偿还，这必然导致英政府的财政危机，为度过危机只能以加税的方式，根据《国富论》的观点，增加赋税会造成社会财富的无谓损失。其次，除去“帝国的荣誉”这些非物质的利益，通过之后与北美这些殖民地的贸易，利用英国当时的产业优势，一样可以获取殖民地的原材料资源和市场。每年还可以节约大量的经费用于对付欧洲大陆这些“真正的对手”。正是因为上述两个原因，英国在战争后期并未全力以赴，无形间增加了大陆军的胜算。

而以杰弗逊、汉密尔顿等人为代表的美国政经两界的精英们受《国富论》的影响则更为深远。从《独立宣言》明确说明每个人都有追求幸福的权利到《1787 年宪法》规定国家保护私有财产、限制政府权力等条款，无不闪耀着古典自由主义经济思想的光芒。到后来林肯总统领导南北战争、废除黑奴制度、建立统一的国内市场，而政府的规模被严格地控制在特定的领域。美国一直都是古典自由主义经济学的实践者。

（四）争吵与妥协：求同与存异的127天

想要深入地了解美国，就必须了解《美国宪法》，因为无论是何人讨论美国政治，从在国会辩论会上慷慨陈词的议员，到街头巷尾吹牛打诨的路人，最后一定会归结到宪法的某个章节、条款。任何议题，只要在宪法层面没有争议，那就必有定论。在美国，对宪法的尊崇已经成为民众的一种信仰，根植于美国人血脉之中、印证于生活之中：不容僭越，不容亵渎。那么，一部200多年前制定的宪法，经受了历史的考验，为何仍然被美国人奉为神明？这部宪法到底是通过怎样的过程而建立的，基本上反映了美国人做事的风格：求同存异，争吵与妥协。

几乎流产的制宪大会

事实上，这部宪法从酝酿之始，就被“难产”的阴云所笼罩。华盛顿甚至因害怕个别州的代表抵制新宪法，亲自写信给各州代表希望他们能来参与共同制定国家新政，并在信中绝口不提新宪法的事儿，只是强调此次费城大会旨在对原有的《邦联条例》进行修订。

诚如华盛顿所担心的，各州就是害怕国家新政权会影响本州已有的利益，因此对华盛顿将军的提议并没有积极响应。甚至在原定开会日期的时候，有很多代表依然没有到场。华盛顿等会议组织者不得不屡屡发电报催促大家来开会。各州代表的想法在抵抗英国人的时候是一致的，但是随着英国人的撤退，他们的想法发生了分歧。比如，有些人认为战时用于协调各州的大陆会议都应该一并解散，更罔论联邦政府；一些代表则表现出对中央政府的恐惧，认为各州只是需要一个统一的外交机构而已。

巨大的分歧不仅使得会议的进度一拖再拖，甚至连制宪的思路都一改再改。最先提出的方案是麦迪逊拟定的《弗吉尼亚方案》，该方案旨在建立一个全国性的中央政府，削弱各州的权力，并将权力集中到中央政府手中。然而，在6月14日的会议上，新泽西州代表彼得森提出了与《弗吉尼亚方案》针锋相对的《新泽西方案》，彼得森主张延续以往松散的邦联制度，将主权留给各邦。他的这一观点受到了很多代表的附议，但也受到包括汉密尔顿在内的保守派反驳，制宪大会也因为两派的激烈交锋迎来了第一个高潮。如果连国体都没有办法确定，后续的法案就不要谈了。

独立战争胜利后“如何分蛋糕”的争议

好不容易确定了国会制的国体形式，但是谁来代表国家，或者哪个州在国会拥有多大权力，就出现了明显的争议。正如一般的讨论会议一样，面对一些大家共同认可的目标或方向，大家讨论的只是过程和细节，比方说为了达到共同的目的，具体的步骤应该是怎样的，或者怎样去做才会更好，理由是什么。但是，如果涉及自身利益问题，很难有真正的公平。不仅仅是因为自私和自利，还因为大家的出发点或者价值观不一致。大家都站在自己的角度想问题，因此很难做到大家都满意的公平。比方说，弗吉尼亚州认为，自己在独立战争中贡献最大，交税最多，提供的士兵也最多，因此应该在国会中占据更多的席位，应该对国家政策的制定有更多的话语权。弗吉尼亚州的想法也没有什么问题，付出的多，当然希望得到的多，真的很公平。但是，其他小州就不愿意了，因为他们的利益得不到保障。因为美国奉行的不是君主制，而是议会制，因此只要代表大州利益的多数人通过了，小州即便不同意，也不得不施行此提案。小州的考虑也有道理，毕竟是一家人，怎么能完全按照“谁厉害谁就是家长”呢，还有没有公平了？

这种争论从 6 月 27 日一直持续到 7 月 16 日。僵局持续了 20 多天依然没有破冰的迹象。年过八旬的“全能博士”富兰克林，就是我们熟知的放风筝引电的那位，甚至提议，每次开会前让牧师来领着代表们做祷告，希望通过拜神仪式来解决问题。也许，他这么做有其深意，但是，从表面上看，似乎这个争议很难处理，因为怎么做都有失公平，只能交付神来解决了。

在此后的两周里，富兰克林扮演了“居委会大妈”的角色，不再通过严谨的逻辑或者高深的理论来说服大家，而是通过讲故事和分别谈心调停来试图解决问题。他在会场曾举了个生动的例子以唤起代表们的妥协精神：制作桌子的木工如果发现木料的边缘厚薄不一，他们就将两边各削去一些以使双边吻合，桌子就平稳了。按这个道理，双方都应该放弃一些要求，才能联合起来，商量出一个解决办法。

不知是不是上帝起了作用，但毋容置疑的是各州代表对妥协精神的广泛认同为打破僵局积累了共识。最终，“康涅狄格妥协案”的出炉解决了这一问题：国会由参众两院组成，众议院按照人口比例分配，即如果本州人口数量多，那么在国会的席位就多，话语权就多。这样就满足了大州的利益诉求、参议院则是各州拥有平等数量的代表权，不管每州人口数量如何，面积大小如何，每州都有两位代表，数量一致，因此小州可以通过参议院对众议院进行制衡，这种方式照顾了小州的利益诉求。

奴隶是否算作人口的争议

然而，各代表们还没来得及欢庆，第二块“硬骨头”接踵而至。南方各州的奴隶是否应该算作人口的计算？南方各蓄奴州坚持将奴隶算入总人口，以增加其在众议院的席位，而这一主张遭到北方各州的坚决阻击。如果奴隶算作人口，那么奴隶应该和其他自由人一样享有平等的人权，那么奴隶就应该释放，成为自由人；如果奴隶算作财产，而不是人，那么同样作为财产的鸡鸭牛羊是否也应该能算作人口？

一时间，会议的气氛降至冰点。直到麦迪逊和莫里斯创造性地将“众议院代表权与联邦各州税收挂钩”这一条件与“奴隶以3/5的比例算入总人口”共同提出，才使得北方各州（同时也是税收大州）对此议案的态度有所松动。因为如果想通过奴隶来增加人口数量，那么就要相对应的缴纳更多税收，这样蓄奴州就需要权衡，想省钱少交税或者想要更多的权力。最终，该方案以六州赞成、二邦反对、二邦赞成反对各半得以通过。“康涅狄格方案”才算完全通过，这一决议被美国宪法史学家称为“伟大的妥协”（Great Compromise）。当然，这也是一个无稽之谈的妥协，即使黑人是完整的人，谁愿意被算作3/5的人来看待呢？

求同存异，争论妥协

一波未平一波又起。各州之间的“席位”之争刚刚告一段落，围绕国家总统的产生方式、权限，行政、司法、立法三者关系的讨论已经如火如荼地展开。有激进派的代表主张总统由民众直接选举产生，有人则强烈反对，认为那样将导致“暴民的政治”。作为妥协，会议最终通过了总统由选举人代表选举产生，而选举人由民众直接选举产生的议案，对总统产生方式总算是有了定论。因此，美国总统并不是老百姓一人一票选出来的，而是通过类似与人民代表一样间接选举出来的。之后就是总统的权限与任期问题。是强权还是分权？是终身制还是有限任期制？联邦政府与各州政府的权力边界在哪？最高大法官与总统的关系是什么？等等问题在辩论、妥协中一步步地形成共识。参与制宪的代表本身就是代表着各州的利益。在如此复杂的利益格局面前，继续秉承“胜者通吃”的思想无益问题的解决。此时，妥协精神就显得弥足珍贵。事实上，数度使制宪会议陷于僵局的大小州的席位、非白人的人口计算等真金白银的利益之争，都是靠着代表们的实质性让步才得以解决的。这种妥协精神不仅限于利益层面，更表现在美国宪法的各个角落中。一方面坚定不移地恪守核心的价值原则，另一方面确是各种政治力量相互妥协的产物。比如说，公民自由与国家权威，联邦权力与各州自主权，行政、立法、司法三者的权力等等。

在此后的一个多月中（8 月 6 日—9 月 10 日），会议“围绕详情会员会报告辩论”期间除了就一些遣词造句做了些许修正、对相关概念明确了定义之外，还就奴隶制的两大议题——进出口奴隶贸易和跨州的奴隶追捕，达成妥协。妥协的结果是奴隶制作为一种地方制度被默许了，但在宪法层面不得到承认，这也为以后的南北战争埋下了伏笔。在费城会议的最后阶段，莫里斯将最终稿交予大会审核。9 月 17 日，大会举行宪法签署仪式。与会的 55 名代表中，尽管有 16 人拒绝签字，但 39 人的签署已经足以使宪法具备完全的法律效力了。历时 127 天的马拉松式的制宪会议结束。

宪法精神：追求平等和公平，而不是权威和权力

值得一提的是来自各州与会代表们虽然都有自己的利益，但在整个制宪会议过程中他们还是做得到大公无私的。无论是争论、妥协甚至是沉默，为的都是国家的前途、命运。比如身为会议主席的华盛顿，他拥有无人可及的威望与权力，但在整个制宪过程中鲜有他的声音。华盛顿之所以如此正是考虑到自己威望过高，他若发言，一些代表顾及他的权威难以畅所欲言，所以他干脆少说话，甚至不说话，放弃自己的权威，把大家放在一个人人平等的地位，就保证了一个公平讨论的环境。再比如，最后拒绝在《1787 年宪法》上签字的乔治·梅森。他之所以拒绝签字并非是为了泄私愤，而是他认为这部宪法没能充分保障个人自由和公民权利。后来，在他的不懈努力下，美国公民的宗教自由、言论自由、出版自由、和平集会自由以及向政府请愿的权利才被写入美国宪法修正案，他也因此成为“人权法案之父”。

（五）两个欧洲人对中美两国的预言

19世纪可谓中美两国命运的分水岭，称雄世界几千年的中国在19世纪后半叶急速衰落下去，渐渐成为看似睡不醒的“睡狮”。新生的美国则在19世纪后半叶迅速崛起，终成世界一极。强大的天朝为何急速衰落？而新生的美国缘何迅速崛起？也许英国的马嘎尔尼和法国的托克维尔能告诉我们答案。

两个欧洲人的预言

1793年8月9日，马嘎尔尼代表英王乔治三世出使中国，在海上漂泊近一年的马嘎尔尼也许并不知道，约一个月前，13个英属北美殖民地发表《独立宣言》，美国建立。他此行的主要任务是与中国建立外交和通商关系，但却遭到乾隆皇帝轻蔑的拒绝。离开中国时，马嘎尔尼对马可·波罗笔下的东方大帝国的幻想彻底破灭，他看到的帝国并没有开明的君主、完美的政治制度，有的只是“靠棍棒进行恐怖统治的东方专制主义暴政的典型”。中国也“不是富裕的国度，而是一片贫困的土地，不是社会靠农业发展，而是社会停滞于农业”。马嘎尔尼一行沿大运河赴京途中，见到运河两岸满是窝棚一样的破旧房屋，普通百姓极度贫穷，官吏肆意欺凌百姓，“几无日不见华官笞责小民”。如果说马可·波罗以意大利人特有的浪漫传统，描绘了一个遍地黄金的东方帝国，马嘎尔尼则像一位不苟言笑的英国绅士，无情地揭开天朝盛世的假象。法国历史学家阿兰·佩雷菲特这样形象地概括马嘎尔尼离开中国时的心理落差：“马嘎尔尼的伙伴们到达中国时坚信自己比其他欧洲人强。他们回国时又增加了一种新的信念：他们同样也比中国人强。他们看到这个从马可·波罗以来大家都说得天花乱坠的帝国竟是如此的落后。”失望透顶的马嘎尔尼甚至预测，中国这艘破旧的大船迟早会被英国轻易摧毁。

大约 40 年之后，在 1831 年，另外一位欧洲人托克维尔赴美考察。此时美国建国已近 40 年，社会经济发展取得长足进步，但与强国相比仍存在不小差距。托克维尔在美国之行归来后出版的《论美国的民主》中大加赞扬了美国的政治体制，并从自然环境、民情、法制等方面论述了美国在民主制度下的成就和前景，认为“美国之伟大不在于她比其他国家更为聪明，而在于她有更多能力修补自己犯下的错误”。最后托克维尔还预言，美国将成为世界上最强大的国家。

后来事实证明，马嘎尔尼和托克维尔都说对了。中国在马嘎尔尼使华 50 年后，真的被几艘英国战舰轰开了古老的大门，最终在陈旧腐朽的政治制度束缚下，不可挽回地衰落下去。而美国在经历一场“制度之争”后，像一列飞驰的火车般，在工业革命的轨道上全速前进，最终在 19 世纪末成为世界强国，并为 20 世纪的世界霸主地位奠定经济基础。中国和美国的经验告诉我们，制度可使一个富可敌国的古老大国没落成人尽可欺的乞丐，也可使一个初生牛犊的“小不点”成为富甲天下的世界霸主。

图 4—1　乔治·马嘎尔尼

图 4—2　托克维尔

美国：天朝面前的“小不点”

如今的美国工业科技发达，处处现代景象，简直难以想象美国也曾是“落后”的农业国。美国建国后很长一段时间，南方蓄奴州的种植园经济一直是美国经济的顶梁柱，直到南北战争废除了奴隶制，美国的工业才真正发展起来。南北战争前，美国的工业产值不到农业产值的一半，南方出产的棉花是美国最重要的“战略资源”，主要工业品需从曾经的宗主国英国和其他欧洲国家进口。除了农业外，美国当时几乎一无是处。

进入19世纪的中国虽仍以农家为本，但在“康乾盛世”的落日余晖映衬下，仍是令人不敢小视的中华帝国，国家实力雄冠世界。据估计，中国当时的经济总量占世界1/3，比整个欧洲大陆还高。而美国这个“小不点”，全国的经济加在一起可能还没有中国的一个省多。

表4—3　1820年世界经济情况（百万，1990年国际元）

国家和地区	GDP总量	占世界经济比例（%）
中国	228600	32.9
欧洲（西欧＋东欧＋俄罗斯）	224581	32.3
英国	36232	5.2
法国	38434	5.5
美国	12548	1.8
世界	694442	100

数据来源：〔英〕麦迪森著，伍晓鹰等译：《世界经济千年史》，北京大学出版社2003年版。

尽管中国经济仍然看似繁荣，但亚当·斯密在《国富论》中一针见血地指出：“中国一向是世界上最富的国家，就是说，土地最肥沃，耕作最精细，人民最多而且最勤勉的国家。然而，许久以来，它似乎就停滞于静止状态了。”中国当时的事实的确如此，乾隆后期，土地兼并严重，大官僚、大地主的土地横跨州县，田连阡陌。加上朝廷沉重的赋税和徭役，百姓生活艰难，最终官逼民反，百姓起义。而百姓起义又迫使朝廷派兵镇压，需要更多的税负和徭役，久而久之形成了可怕的恶性循环。嘉庆时期发生的白莲教起义，清廷耗费军费2亿两，相当于4年的财政收入，从此清廷入不敷出，只能更加横征暴敛。

1812年英美战争：美国“作大了”

美国独立前，现在的美国和加拿大都属于英属北美殖民地，实为“同文同种”的民族。美国独立战争时，一些仍然效忠英王的“保皇党”不愿意继续留在“逆贼”建立的美国，北上逃往不受美国控制的五大湖北部地区。也许是被独立战争的胜利冲昏了头脑，刚刚建国不久的美国竟然“任性”地想趁英国在欧洲大陆疲于对付拿破仑之际，兼并加拿大“保皇党”，将英国势力完全逐出北美大陆，一举解决“历史遗留问题”。

1812年6月18日，美国向英国宣战，进犯英国北美殖民地加拿大各省。战争起初进行的并不算顺利，美国军队在占领并纵火焚烧了多伦多后，遭到英国军队和加拿大民兵的顽强抵抗。待到1814年3月第六次反法同盟再次打败拿破仑后，英国从欧洲抽出精锐部队全力对付美国。先是英国海军全面封锁美国东海岸，之后英国陆军大举反扑，直捣华盛顿。麦迪逊总统等一众官员出逃，英军占领首都华盛顿并火烧白宫，同时继续南进攻打南部的奥尔良。

此时的英国已深陷拿破仑战争多年，无心再战，而且国内商人要求保持同美国的贸易，加上南进受阻，因此转变态度，愿意谈判。英美两国就此在1814年末签订了《根特条约》，美国和加拿大的边界恢复战前状态。

美国在这次战争可着实是“作大了”，虽能最终逼和大英帝国脸面上不算无光，但毕竟战时失去大片国土，还被英国火烧了白宫，教训不可谓不惨痛。从此，美国吸取教训，苦练内功，再不轻易对外发动战争。直到1846年才敢找南边的“软柿子”墨西哥练练手，最终功夫不负有心人，美国在19世纪末成功跻身列强行列。

图 4—3 火烧白宫

反观 19 世纪的中国，虽在军事上已颓势尽显，但也不时“任性”一把。在经历两次鸦片战争、火烧圆明园以及甲午战争的羞辱后，清朝统治者却不思进取，没有像美国一样学会低调做人，反而一作到死。1900 年爆发义和团运动，慈禧纵容团民劫掠外国人，列强遂决定报复，进逼天津。慈禧太后以为列强出兵是要逼她还政光绪皇帝，愣是下诏向英国、美国、法国、德国、意大利、日本、俄国、奥匈帝国、西班牙、比利时、荷兰共十一国同时宣战，这在当时几乎是向全世界宣战，创下战争史纪录。老佛爷的“作死”行为最终招致八国联军攻入北京，被迫签订《辛丑条约》，中华民族在 19 世纪的最后一年，跌入数千年来的最低谷。

图 4—4 八国联军中的美国正在进攻正阳门

图 4—5　被八国联军彻底摧毁的圆明园

两场不同的“南北战争”

19 世纪中期，中美两国的共同点是都处于战争之中。当时清廷不仅要应对英法联军的步步进逼，国内还疲于应付南方声势浩大的太平天国起义，大清江山摇摇欲坠。

在中国陷入战乱之时，大洋彼岸的美国也笼罩在战争的阴影下。北方工业资本主义和南方种植园经济矛盾愈演愈烈，对奴隶制存废的争论正撕裂着这个脆弱的联邦。1860 年，主张废奴的民主党候选人林肯当选总统，南部各州遂退出联邦。翌年，南北战争爆发。

战争是同样残酷的，但战后中美两国的结果却是完全不同的。经历内战后的美国走向了真正的统一，推动一系列改革，开始了社会经济飞速发展的时代，并在 30 年后打败了西班牙，正式跻身诸强行列。而经历内屈外辱的中国，虽也师夷长技，兴洋务，办实业，但 30 年后甲午一役惨败，至今仍令国人唏嘘。

到底是什么因素导致了 19 世纪中美如此天差地别的境遇？如上所述，马嘎尔尼和托克维尔早在 19 世纪初期就给出了他们的答案。在林肯“确保民有、民治、民享之政府”（government of the people，by the people，and for the people）之时，中国这艘破旧的大船却仍在政治制度上因循守旧，故步自封。故1860年以后，中国虽器物层面有所改进，但绝不足以像美国一样走上富强之路。

1860年后，同样经历战争创伤的中国和美国，走上了相似但结果完全相反的道路。大办洋务，师夷长技的中国此后虽出现了“同治中兴”的虚假繁荣，但政治制度上的禁锢终究无法让中国迈开真正走向强大的步子。相较之下，经历了“第二次资产阶级革命”之称的南北战争洗礼后，美国在“确保民有、民治、民享之政府”的政治理念下，推动一系列革新，最终走上强国之路。

（六）葛底斯堡讲演：从联邦政府走向真正的统一

坐落于美国国会背面的林肯纪念堂，是人们旅游参观必去的地点之一。中国游客在这里参观，甚至会误以为端坐在纪念堂中央的是美国的国父华盛顿。在美国一些民意测验中，林肯在美国人心目中的地位有时甚至超过国父华盛顿，被认为是美国最伟大的总统。

有人说是华盛顿缔造了美国，是林肯拯救了美国。如果要把美国历史分成两段，那一定能分成前林肯时代和后林肯时代。在林肯之前，所谓的美利坚合众国不过是个松散的联邦。联邦政府软弱无力，各州之间就各种问题争执不休，互相算计和倾轧。林肯之后，美国重新凝结成一个强大的共同体，从此真正走上富强之路。而后林肯时代开始的标志，当要数林肯在内战中所做的《葛底斯堡演说》，这篇演说已经成为美国坚持国家主义、共和主义、平等权利、自由和民主的象征性演说，至今仍被认为是美国历史上最伟大的政治演讲。

葛底斯堡演说

葛底斯堡战役是美国内战的转折点。战役中南方主帅罗伯特·李的兵力折损了1/3，联邦军也伤亡2万余人。为了祭奠在这次战役中英勇献身将士的英灵，林肯于1863年11月19日到葛底斯堡发表演说，引用距当时87年前《独立宣言》，称美国是“孕育于自由之中，奉行人人生而平等这一原则的国家”（A new nation，conceived in Liberty，and dedicated to the proposition that all men are created equal.），勉励人们继续战斗，以使“民有、民治、民享的政府永存下去”（Government of the people，by the people，and for the people，shall not perish from the earth）。

《葛底斯堡演说》全文不到300词，林肯总统只讲了3分钟，但却改变了美国乃至全世界的历史进程。通过《葛底斯堡演说》，林肯想要传达3个信息，即国家统一、自由平等和人民主权。首先，在演讲开篇，林肯就引用《独立宣言》，追溯在这片土地上建立崭新国家的开国元勋，进而话锋一转，谈到目前正在进行的大战，是对这个国家的是否能够长治久安的“考验”。这就说明联邦与南方进行战争，目的是维护联邦的统一和长治久安。其次，既然美国是“孕育于自由之中，并奉行人人生而平等这一原则的国家”，那么这样的国家是决不允许“一半奴役，一半自由”的状况存在，因此一定要废除南方的奴隶制，重塑美国的自由与平等。演说最后，林肯掷地有声地抛出了演说的核心——“确保民有、民治、民享的政府永世长存”，重新定义了内战和未来的联邦政府，定下美国未来150多年的政治基调。这句话可能是美国历史上引用率最高的政治口号，为林肯之后历任美国总统演讲所使用。它和《解放黑人奴隶宣言》一起，为美国精神注入新的活力。

葛底斯堡战役后，南方军队失去战场控制权，从此胜利的天平向北方倾斜并最终以北方胜利告终。对于美国人，南北战争最大的意义在于，战争考验了全体美国人的性格和勇气。在美国人眼中，南北战争并没有失败者，双方参战的士兵都为美国的未来付出了一腔的热血和年轻的生命。南北战争最初是一场维护国家统一的战争，后来演变为一场废除奴隶制，为“国家自由之新生”而战的革命战争，美国历史从此掀开新篇章。同时，南北战争给美国人的教训也是惨痛的。南北双方因为政治理念的不同而同室操戈，父子相离，兄弟相残，给无数家庭带来难以磨灭的创伤。从此，求同存异和实用主义成为美国精神的一部分。在实用主义哲学的影响下，美国开启第二次工业革命的涡轮，快步进入了经济迅速增长的“镀金时代”。

演说前后的改革与立法

林肯以南北战争为契机，解决了宪法制定的遗留问题，再次发扬了自由与平等的美国精神。特别是《解放黑人奴隶宣言》给予黑人公民权，真正地践行了开国元勋们所倡导的平等精神。战争期间，林肯的联邦政府在纷飞的战火中制订和实施了多项影响深远的法律，这些法律的制定，是围绕美国利益而制定的，为美国经济腾飞奠定了坚实的制度基础。比方说，美国为了打击外国产品在本国的倾销，收取的关税税率非常高。现在，当美国希望向全世界倾销美国产品，希望美国货可以零关税进入他国时，它就开始鼓吹零关税政策和完全自由经济理论。关税的高低，应该以本国利益为出发点。正因为美国在当时对进口产品征收重税，所以才促进了美国国内经济产业的发展。

在林肯被刺前的最后一次演讲中，林肯一再强调要对南部采取宽大政策，欢迎南部重新加入联邦，积极开展南方的重建工作。不幸的是，林肯在战争刚刚结束后就在福特剧院遭到射杀，去世时年仅 56 岁。林肯被刺并没有影响对南方的宽容政策，副总统约翰逊继任总统后，继续推行林肯的宽容政策，重塑南方的政治和经济。在 1865—1870 年通过三条宪法修正案，后世称之为重建修正案。其中第 13 条修正案废除了奴隶制，第 14 条修正案给予包括非洲裔在内的少数族裔美国人以公民权，第 15 条给予被解放者公民权。到 1870 年，南部各州在联邦中的平等地位得到恢复，重返联邦的程序宣告完成。

表 4—4　林肯政府在内战期间通过的改革立法

年份	法案名称	内　容	影　响
1861	《莫里尔关税法》	提高进口关税，将进口税率提高到 74%，有的税率高达 100%	防止欧洲商品对美国倾销，促进美国本土商业独立发展；而商业的繁荣，往往带来地域产品和人员风俗的广泛流动
1862	《宅地法》	规定每个美国公民只交纳 10 美元登记费，便能在西部得 160 英亩土地，连续耕种 5 年之后就成为这块土地的合法主人	加速西部开发，不仅进一步消灭蓄奴经济，还鼓励穷人去开拓土地，去新地方居住；新的领地往往居住着来自各地的人们，本州人的概念逐渐淡化
1862	《太平洋铁路法案》	成立“联合太平洋铁路公司”和“中央太平洋铁路公司”的法案，责成由这两个公司负责修筑横贯大陆的铁路	第一次修建横贯东西的铁路干线，加强美国东西部的联系；由此而后的铁路发展，不仅促进了商品运输，缩短了全国各地的距离
1863	《国家银行法案》	整顿银行业务，提供全国统一的货币，保证政府债券获得稳定的市场	不仅让全国人民统一了货币，促进了商业融合，也通过银行法案促进了金融层面的全国商业大融合
1865	《移民法》	成立移民局专管移民事务	《移民法》的实行使美国获得大量廉价劳动力，外国人的加盟，也使得美国的文化更加开放和包容

续表

民权修正案（美国宪法第十三、十四、十五修正案，1865—1870 年）
美国内战后接连通过的第十三、十四、十五修正案皆是为了保障非裔美国人的自由与公民权，因此又被称为民权修正案。这三条修正案使《葛底斯堡演说》“民有、民治、民享”精神真正落实到宪法，将公民权赋予全体美国男性公民，确立了黑人和其他有色人种的法律地位，把美国从一个“一半奴役，一半自由”的国家真正改造成美国宪法序言所描绘的理想国度——“我们合众国人民，为建立更完善的联盟，树立正义，保障国内安宁，提供共同防务，促进公共福利，并使我们自己和后代得享自由的幸福，特为美利坚合众国制定本宪法。”（We the people of the United States，in order to form a more perfect Union，establish justice，insure domestic tranquility，provide for the common defense，promote the general welfare，and secure the blessings of liberty to ourselves and our posterity，do ordain and establish this Constitution for the United States of America.）

林肯之伟大在于将美国从“一半奴役，一半自由”的长期分裂中拯救出来，堪称“国家自由之新生”。林肯的《解放黑人奴隶宣言》赋予黑人自由，为美利坚民族的大融合奠定坚实基础。时至今日，仍有无数仁人志士在林肯精神的感召下，为维护黑人自由，推动民族融合做出不懈努力。

演说之后告别农业时代，进入工业时代

南北战争重创了美国的躯体，但也使美国人的精神为之焕新。重燃旧日冒险精神的美国人民，在废墟和荒漠上建立了近代和统一的新美国。政治上，长期阻碍美国发展的地区主义问题得到缓解，从前松散破碎的联邦被改造成强有力的统一国家。经济上，阻碍工业资本主义发展的障碍被扫除，从此美国步入资本主义发展的快车道。

南方奴隶制被废除后，美国南北方经济制度终于得到统一，工业化浪潮迅速席卷美国。统一的国内市场为美国带来商业繁荣。南方生产的原材料被源源不断地运往北方工业城镇，北方工业品也不断被输往南方，美国国内的经济需求得到极大释放，拉开了工业化时代的大幕。

铁路和火车进一步打破各州间地理界限，曾经荒蛮的南部和中西部各州通过铁路与发达的北方工业区迅速连接起来，将美国各州连接成紧密的整体。通过铁路，商品、资源、人员、劳动力在北美大陆自由穿梭。特别是洲际大铁路的修建，为美国西部带来大量新移民。以美国最西部的加州为例，从 1850 年到 1950 年这 100 年间，加州人口增长了 100 多倍，成为美国人口最多的州。同时，工业革命吸引全球每个角落的移民涌向美国，形成新移民浪潮。到 1900 年，各主要城市 30%的居民都是外国出生的。这些新移民不仅为美国提供了急需的劳动力，也为美利坚这个民族大熔炉增添了新的活力。

表 4—5　加利福尼亚州人口增长情况（1850—1950 年）

年份	人口（人）	增长率
1850	92597	—
1860	379994	310.4%
1870	560247	47.4%
1880	864694	54.3%
1890	1213398	40.3%
1900	1485053	22.4%
1910	2377549	60.1%
1920	3426861	44.1%
1930	5677251	65.7%
1940	6907387	21.7%
1950	10586223	53.3%

资料来源：加利福尼亚州政府网站。

表 4—6　美国外来移民来源国和数量（1860—1910 年）（单位：万人）

德国	爱尔兰	英国	意大利	波兰	加拿大	中国	日本	拉丁美洲
1270	1000	430	200	150	500	45	9.5	71

资料来源：《美国人民——创建一个国家和一种社会》（上）（1492—1877 年）（第 6 版），北京大学出版社 2008 年版。

铁路的建设进一步推动了钢铁、采矿和建筑业的发展。大规模工业化生产创造大量就业机会，加速了城市的发展。旧日的农民和初踏美国的移民纷纷涌入城市，进入工厂务工。以当时的钢铁大王卡内基为例，卡内基于1864年在匹兹堡成立卡内基钢铁公司，工人最多时达两万人，迅速使匹兹堡从普通城市一跃变为美国钢铁重镇。直至今天，匹兹堡这个城市带着钢铁的烙印，代表城市的橄榄球队也叫“匹兹堡钢人队”。

表4—7 美国新开发地区铁路修建情况（1850—1890年）（单位：英里）

地区＼年份	1850	1860	1870	1880	1890
新英格兰地区各州	2507	3660	4494	5982	6831
中部各州	3202	6705	10964	15872	21536
南部各州	2036	8838	11192	14778	29209
西部各州	1276	11400	24587	52589	62394
太平洋沿岸各州	—	23	1677	4080	9804
整个美国	9021	30626	52914	93301	129774

资料来源：Chauncey M. Depew（ed.），One Hundred Years of American Commerce 1795—1895.

总之，内战后的美国真正展现了汉密尔顿当初在《制造业报告》中所描绘的蓝图，给工业资本主义在市场、资金、资源、劳动力和技术等方面创造了比当时其他资本主义国家都要优越的有利条件。经济的快速发展带动了社会进步和民族融合，独立后一直困扰美国的分离主义思想被彻底根除，美国走向真正的统一。

表4—8 美国国民经济各部门增长情况（1859—1899年）

（单位：**10**亿美元）（按**1879**年价格计算）

年份	总计	农业	采矿业	加工业	建筑业
1859	2.69	1.49	0.03	0.86	0.30
1869	3.27	1.72	0.07	1.08	0.40
1879	5.30	2.60	0.15	1.96	0.59
1889	8.66	3.24	0.35	4.16	0.92
1899	11.75	3.92	0.55	6.26	1.02

资料来源：《主要资本主义国家经济统计集（1848—1960）》，世界知识出版社1962年版。

（七）镀金时代：1900 年的美国和 2000 年的中国

“镀金时代”指美国南北战争后经济迅猛发展的时期，大致是从 19 世纪 70 年代到 19 世纪末，得名于马克·吐温的小说《镀金时代》（*The Gilded Age*）。在这一时期，美国走出内战的阴影，成功的从农业国转变为工业国，并在世纪之交的 1900 年超过英国，经济总量跃居世界第一。

表 4—9　美国 GDP 与当时世界主要国家对比（单位：百万 **1990** 国际元）

年份＼国家	美国	英国	法国	德国	俄国	中国	日本
1870	98374	100179	72100	71429	83646	189740	25393
1913	517383	224618	144489	237332	232351	241344	71653

资料来源：〔英〕麦迪森著，伍晓鹰等译：《世界经济千年史》，北京大学出版社 2003 年版。

这个时代可谓美国最好的时代。我们看到，从 1870—1910 年短短 40 年的时间里，美国的经济实力增长了 400％以上。而同期的中国因为处于清朝末期，社会动荡不堪，经济实力只增长了 20％，年增长率不足 0.5％。这个现象，部分源于美国的第二次工业革命。在这个时期，美国经济高速发展，新科技新发明层出不穷，社会财富不断积累，一栋栋摩天大楼拔地而起，城市气象一派繁荣。当然，经济的快速增长也带来了一些社会问题。社会制度的发展有时候会落后于高速发展的经济增长。这一时期的美国，也出现了一些官员滥用权力，环境污染，贫富差距加大等社会问题。马克·吐温在《镀金时代》中甚至表达过这样的观点，那时的美国，“浮华而铜臭弥漫，奢靡的泡沫背后，只剩下一堆冰冷的金子，就连空气中都充满阴谋的味道”。美国也正是在克服“镀金时代”的各种弊病后，进入了社会全面发展的进步时代。

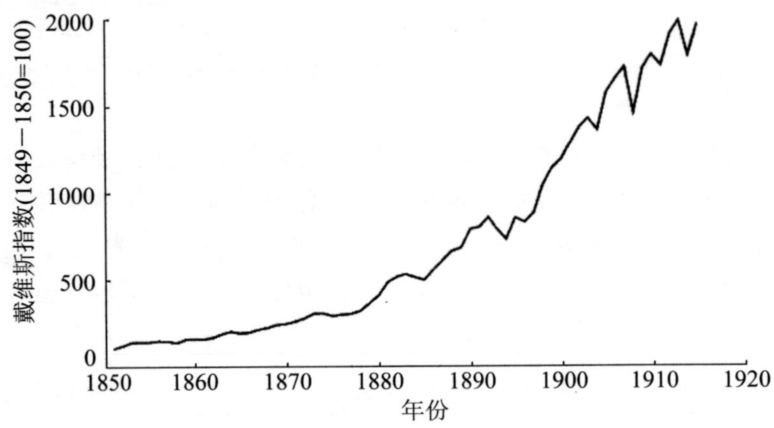

图 4—6　1850—1915 年的工业产量

资料来源：〔英〕麦迪森著，伍晓鹰等译：《世界经济千年史》，北京大学出版社 2003 年版。

表 4—10　1980—2013 年中国与世界主要国家 GDP 对比

（当前美元价）（单位：亿美元）

年份＼国家	中国	美国	日本	德国①	英国	法国	俄国（苏联）
1980	1894.01	28625.0	10898.8	9469.95	5671.0	7035.3	9412.72②
1990	3569.37	59796.0	31036.98	17649.68	10666.89	12753.0	5168.14
2000	11984.75	102848.0	47311.99	19472.02	15486.64	13684.38	2597.08
2010	59305.02	149644.0	54953.87	34120.08	24079.33	26468.37	15249.16
2013	92402.70	167681.0	49195.63	37302.60	26784.55	28064.27	20967.77

数据来源：世界银行。

中国自 20 世纪 80 年代进入改革开放的全盛期，经济增长速度并不次于美国。到了 2014 年，中国的经济总量居于世界第二，仅次于美国。美国人曾经经历过的事情，我们也正在经历。社会虽然繁荣，但是又充斥着一些不和谐因素。然而，我们也欣喜的看到，我们可以从别人的教训中吸取能量，并且，我们的社会制度，对于调动社会力量的能力更大，对待不良因素的反应和规范

① 1980 年数据为联邦德国。

② 1980 年苏联 GDP 来自联合国经济统计年鉴，但仅为西方估计值。

也更快。比方说，北京的雾霾，自进入2015年起，有了非常明显的好转，原来曾经几乎都是雾霾天，现在几乎每天都是蓝天白云。

当然，我们的目的，是通过现在熟悉的生活，来“熟悉”100年前的美国。

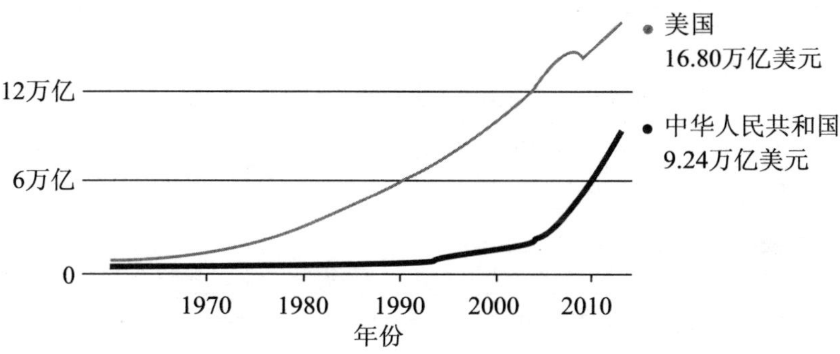

图4—7　中美近50年增长速度对比

数据来源：IMF数据库。

“镀金时代”的经济繁荣与中国改革开放以来的经济奇迹

从1870年到1900年这30年间，美国财富急剧增长，国内生产总值从983.74亿美元增长到2602.99亿美元，占世界经济的比例从8.9%上升到23.6%，人均GDP从531美元增长到1000美元，翻了一番，而同期全世界GDP仅增长50%，当时的美国堪称世界经济领头羊。在19世纪中叶，美国经济发展水平还远远地落在英国等国的后面。1870年，美国工业产值占世界第四位，而到1894年就已跃居世界第一位，到了1913年，其工业产品已占世界工业总产品的1/3，比英、法、德、日四国的工业产品总量还多。

表 4—11 当时世界主要国家工业制成品占世界比例

年份	英国	美国	德国	法国	俄国
1870	31.8%	23.3%	13.2%	10.3%	3.7%
1885	26.6%	28.6%	13.9%	8.6%	3.4%
1900	9.5%	30.1%	16.6%	7.1%	5.0%

资料来源：〔英〕麦迪森著，伍晓鹰等译：《世界经济千年史》，北京大学出版社 2003 年版。

表 4—12 美国“镀金时代”的 GDP 增长

年份	GDP 平均增长	人均 GDP 平均增长	人口增长	资本增长
1870—1880	4.80%	2.46%	2.33%	4.20%
1880—1890	5.34%	3.05%	2.29%	6.30%
1890—1900	3.91%	2.01%	1.90%	3.80%

资料来源：〔英〕麦迪森著，伍晓鹰等译：《世界经济千年史》，北京大学出版社 2003 年版。

100 年后的中国与 1900 年的美国不仅相似，而且比美国取得的成就更大。在改革开放之初，中国对世界经济的影响微乎其微。但经过 20 余年积累和高速经济增长，中国已经成为“世界经济增长引擎”，对世界经济产生着巨大而深远的影响。从 1978—2000 年，中国 GDP 平均每年增长 9.7%，从 2164.62 亿美元跃升至 11984.75 亿美元，到 2014 年，中国 GDP 已经突破 10 万亿美元，实现了经济增长奇迹。

“镀金时代”的经济繁荣使美国成为世界人民的淘金地，无数移民怀着美国梦远渡重洋而来。1864 年《移民法》（*Immigration Act*）通过后，大量的青壮年移民源源不断地涌入美国，为美国工业发展提供了充足的劳动力资源，美国人口从 1860 年的 3150 万人猛增至 1900 年的 7600 万人。100 年以后的中国，东部城市的繁荣吸引了数以亿计的农民进城务工。依靠数以亿计的廉价劳动力，中国实现了所谓的“人口红利”。这些进城务农的农民，有的通过自己的打拼成为了城里人，推动了城市化进程。

图 4—8 美国 19 世纪末期的华人移民

图 4—9 进城务工的农民工

在“镀金时代”，财富增长使美国涌现出一大批亿万富豪，金融巨子摩根、石油大王洛克菲勒、钢铁巨头卡内基都是当时白手起家，实现美国梦的代表。他们通过自己的才智和勇气，几经商海沉浮，最终建立了自己庞大的商业帝国。100 年以后的中国，在经济快速发展的浪潮下，王石、马云这些敢于冒险，敢于创新的人们在中国这片古老的土地上实现了他们的中国梦。2010 年后，有很多刚过 20 岁的年轻人也进入了创业大军，他们也用他们的聪明才智，改变甚至颠覆了行业规则，给经济增长带来了很大的活力。

表 4—13 中美城市化进程比较

年份	美国城市人口占总人口百分比	年份	中国城市人口占总人口百分比
1860	19.8%	1960	19.75%
1870	—	1977	17.75%
1880	28.2%	1980	19.4%
1890	35.1%	1990	26.4%
1900	39.8%	2000	36.09%
1910	45.7%	2010	49.68%

资料来源：〔美〕乔纳斯·休斯、〔美〕路易斯·凯恩著，邢露译：《美国经济史》（第 7 版），北京大学出版社 2011 年版。①《中国城市统计年鉴 2014 年版》。

1893 年，美国在芝加哥举办了当时规模最大的一届世博会，向世界展示了美国的繁荣与强大。7 年后，美国超越了当时的世界老大英国，成为世界第一经济强国。2008 年中国举办了一届“无与

① 美国当时的城镇指居住 2500 人以上的地区。

伦比”的奥运会，2010 年又举办了有史以来最成功的一届世博会，向世界展示了一个繁荣富强的伟大国家。很多经济学家预测，2020 年中国经济总量将超过美国，成为世界第一经济强国。与当年赶超英国的美国一样，当代的中国与 1900 年的美国或多或少有一些相似，1900 年的美国，也许正是认识当代中国的一面镜子。

图 4—10　1893 年芝加哥世博会

图 4—11　2010 年上海世博会盛况

“镀金时代”火车拉来的繁荣

铁路是国家的经济大动脉，是人类开展大规模工业生产的基础。对任何一个国家，修建铁路都是其实现工业化的必由之路。美国全国铁路网从 1870 年的 5.3 万英里猛增到 1900 年的近 20 万英里，超过欧洲铁路里程的总和，几乎等于世界的一半。美国自 1862 年国会通过《太平洋铁路法案》并在牺牲大量华人劳工的基础上修建了横贯东西的联合太平洋铁路。此后美国又相继修建了圣菲铁路、南太平洋铁路、北太平洋铁路，到 1893 年大北方铁路完工，标志着美国 5 条横贯大陆的铁路干线基本形成。对于美国来说，铁路是“镀金时代”美国经济繁荣的大动脉，四通八达的铁路将幅员辽阔的美洲大陆连接起来，将西部的资源源源不断的运往东部，推动美国工业发展。

我们不难联想起今天中国的高铁经济。实际上，截至 2014 年，中国的铁路里程仅为 12 万公里，仅为世界铁路总里程的 1/10，还不及美国 1900 年的一半。但与美国不同的是，中国的高铁运营里程已经达到 1.2 万公里。今天，中国高铁的意义与 100

年前美国修建铁路的意义已不可同日而语。传统铁路主要运送的是货物和原料，而高铁提供的是快速和低成本的人员流动服务。随着信息化和经济全球化水平不断推进，人员的流动变得更加频繁，四通八达的高铁网络，将成为未来经济增长的大动脉。目前，我们已经建设完成了“四纵四横”的高铁主干线路，高铁也许能为中国带来更加繁荣的未来。

图 4—12　19 世纪末美国太平洋铁路

图 4—13　中国高铁

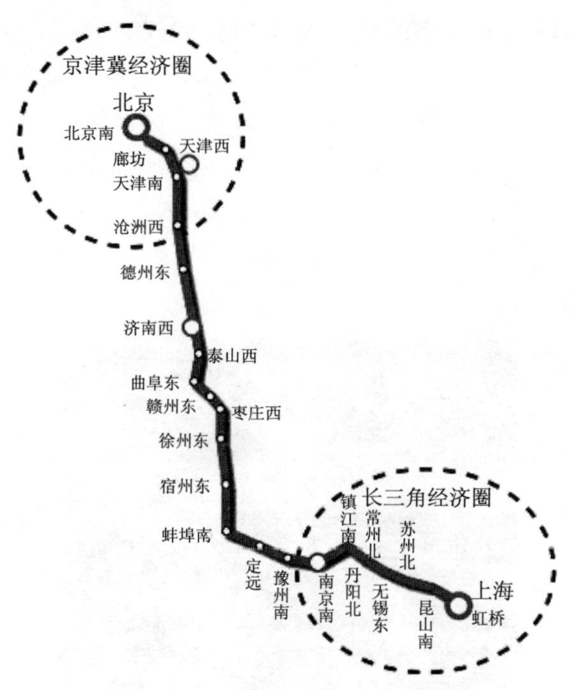

图 4—14　京沪高铁 5 小时经济圈示意

摩天大楼拔地而起

当时美国的繁荣景象使美国人普遍感到乐观，甚至意欲与天比高。在19世纪末，各大财团掀起了“高楼比赛”，在不到40年的时间里将世界最高摩天大楼的高度提高了数倍。特别是财阀云集的纽约，在二战以前已经拥有7座超过100米的高楼，1931年完工的帝国大厦甚至高达381米。就像帝国大厦的名称一样，当时的美国毫不掩饰认为自己是世界第一“帝国”。

100年以后的中国，也渐渐兴起修建摩天大楼的热潮，直至今日尚未褪去。从1976年高117米的广州白云宾馆开始，以北上广深为代表的中国一线城市纷纷修建地标性质的摩天大楼。2000年以来，修建摩天大楼的热潮又扩展到武汉、郑州、重庆等内陆城市。截止到2015年，中国超过152米的大楼数量总数已超350座，几乎平均每5天就有一栋摩天大楼拔地而起，目前全球在建的摩天大楼中有87%在中国。到2014年刚刚落成的高度为632米的上海中心大厦是目前世界第二高楼，世界最高的前20座摩天大楼有9座坐落在中国，中国高度正在以创纪录的速度刷新着世界高度。

图4—15　“中国尊”，坐落于北京CBD中心区，紧邻央视大楼。预计于2018年完工，建成后将成为北京第一高楼

图 4—16　20 世纪 30 年代的纽约　　　图 4—17　上海陆家嘴景色

表 4—14　二战前纽约建造的摩天大楼

建成年代	名　称	高度
1890 年	世界大楼	94.2 米
1894 年	曼哈顿寿险大楼	106.1 米
1899 年	公园街大楼	119.2 米
1908 年	盛家大楼	186.6 米
1909 年	大都会人寿保险大楼	213.4 米
1913 年	伍尔沃斯大楼	241.4 米
1930 年	克莱斯勒大厦	319 米
1931 年	帝国大厦	381 米

表 4—15　2000 年前后上海建造的摩天大楼

建成年代	名　称	高度
1994 年	东方明珠电视塔	468 米
1999 年	上海金茂大厦	421 米
2001 年	恒隆广场	288 米
2002 年	香港新世界大厦	278 米
2003 年	明天广场	285 米
2006 年	上海世茂国际广场	333 米
2008 年	上海环球金融中心	492 米
2010 年	会德丰国际广场	297 米
2014 年	上海中心大厦	632 米

贫富差距与“拼爹资本主义”

当时美国的贫富差距极端严重，社会矛盾频发。经济学家托马斯·谢尔曼称，长期以来，美国人一直相信他们的国家不会出现欧洲那样的贵族统治和不平等状况。1860 年时，最富有的 1%的家族占有社会财富的比例仅为 29%，而在 1900 年的美国，社会财富一半以上都掌握在最富有的 1%的家族手中。

表 4—16 “镀金时代”美国首富财富与中等家庭年收入对比

年份	1875	1890	1912
美国首富资产规模（亿美元）	1.05	2	10
首富姓名	范德比尔特	范德比尔特	洛克菲勒
中等家庭年收入（美元）	500	540	800
首富/中等家庭收入差距	21 万倍	37 万倍	125 万倍

资料来源：〔美〕乔治·布朗·廷德尔、〔美〕大卫·埃默里·施著：《美国史》第 2 卷，南方日报出版社 2012 年版。

“镀金时代”的美国并没有遗产税，通过继承遗产而获得巨额财富的例子比比皆是。当时美国的著名小说家亨利·詹姆斯笔下《华盛顿广场》中的平凡女孩凯瑟琳就因为可继承父亲一笔可观的遗产而有了不平凡的一生。法国学者托马斯·皮凯蒂毫不客气地在《21 世纪资本论》一书中称当时的资本主义为“拼爹资本主义”，因为通过个人奋斗所获得的财富远不及富豪子女生下来就拥有的财富。20 世纪初，美国政府逐渐意识到贫富差距的严重性，并逐步开始征收个人所得税和遗产税，对社会财富的分配进行调节。二战以后，美国的基尼指数从 0.44 下降到 0.36，收入最高的前 10％纳税主体的收入占比从 46％迅速降低到战后 33％。在里根时代之前，美国的贫富差距都控制在相对合理的范围之内。

100 年以后的中国，随着经济高速增长，贫富差距拉大的问题也浮出水面，成为影响社会安定和谐的因素之一。有人说，含着金汤匙出生的“富二代”与输在起跑线上的“贫二代”之间的差距越来越大。对此，我们已经提出了处理好公平与效率的关系以及再分配更加注重公平的思想，公平与正义现在已经成为中国社会思想的主流。

掀起反腐浪潮

“镀金时代”的美国，经济的快速发展，利益集团逐渐形成。在利益集团的唆使下，美国开始在选举中实行政党“分肥制”，那些为竞选出钱出力的人往往能在候选人成功当选后谋取高官位置，在“分肥制”下的官员贪赃枉法、官商勾结、以权谋私，常常使得官员素质低下，不能胜任所做的工作。1879 年，刚刚大学毕业的伍德罗·威尔逊将当时的美国政治体系描述为：“没有领导，就没有原则；没有原则，就没有政党。”

在政党“分肥制”下，党派之间和党派内的政治斗争激烈。激烈的政治斗争导致了 1881 年加菲尔德总统遇刺身亡，这彻底刺激了美国人的神经。1883 年 1 月，美国通过《彭德尔顿联邦文官法》建立文官制度取代政党“分肥制”。此后美国又于 1907 年通过《提尔曼法案》，禁止企业和银行为谋取利益向政府官员提供政治献金。1910 年出台的《联邦反腐败法》规定，众议院候选人必须披露其财产状况，自此开启美国官员财产申报制度的先河。

2000 年的中国在经历经济腾飞后，政治体制却被贪污腐败所困扰。习近平总书记强调，反腐是要实现营造不敢腐、不能腐、不想腐的政治氛围，即通过政治和法律高压来遏制腐败发展，通过制度完善使得人不能进行腐败，最后通过全民素质和政治文化的形成使得没有人愿意腐败。美国用了几十年的时间，出台了数十部法案，实现了一个比较清廉的政治氛围。我们也在经历这个过程。

“过期肉”推动食品安全立法

19 世纪末期的美国也遭受着食品安全问题的困扰，但由于当时的美国政府疏于监管，人们只得对其听之任之。1905 年，厄普顿·辛克莱尔的小说《丛林》（*The Jungle*）揭露了一家芝加哥肉类加工厂使用过期肉的黑幕。这部小说的发表在美国社会掀起轩然大波，西奥多·罗斯福总统为此极为震怒，下令对全国肉类加工行业展开正式调查，直接推动了 1906 年美国国会通过的《肉类加工法案》（*Meatpacking Act*）以及第一份《纯净食品和药品法案》（*Pure Food and Drug Act*），建立了食品药品管理局（FDA），为日后美国食品安全提供了保障。

100年后的中国也面临着食品安全问题的严峻挑战，“三鹿事件”、“福喜事件”、瘦肉精、地沟油无一不刺激着中国人的神经。像1900年的美国一样，中国已经意识到了食品安全问题的严重性，出台了一系列食品安全法律，以保证“舌尖上的安全”。食品安全虽然还是老百姓的热议话题，但是严重的食品中毒事件已经鲜有发生了。

美国也曾雾霾

“镀金时代”的美国，随着工业的发展，城市的污染问题也越来越严重。在重工业城市匹斯堡，阳光常年被粉尘和烟雾所遮掩。历史学家吉尔伯特·菲特这样描述当时匹兹堡的环境：“好的时候，它是一个烟雾弥漫、阴沉沉的城市；糟糕的时候，几乎想象不出还有什么地方比它更肮脏、更混乱、更令人沮丧。城市住户和工厂燃烧的煤炭有很大一部分化为浓烟直冲云霄。”当时的官员称，美国每年有4%的城市树木因为烟雾而枯死。

除空气污染，城市水污染也极其严重，1900年时，美国河流中污染物的40%来自工业。匹兹堡由于供水系统受到污染，成为当时世界大城市中伤寒、痢疾、霍乱死亡率最高的城市之一。当时对纽约的85口饮水井进行的检测中，仅有1口井未受污染。

图4—18　美国宾夕法尼亚多诺拉烟雾事件

美国也曾经在很长一段时间里饱受环境问题困扰，并为之付出近100年的努力才换来今日城市的蓝天。19世纪末，意识到污染问题严重性的美国出台一系列法案治理环境污染，但由于工业资本家阻挠，这些法案很难得到充分的执行，直到20世纪70年代，洛杉矶这样的大城市仍然有近一半时间处在雾霾的笼罩下。2000年的中国在快速工业化的过程中也意识到了环境污染的严重性，北京、上海等城市天空长期被雾霾所笼罩。今天，环境污染已经成为全社会共同关注的问题，中国政府对环境污染的重视程度远远超过当年的美国，中国为治理环境污染付出的努力也有目共睹。2014年APEC期间，习近平主席提出要将“APEC蓝”保持下去，“宁要青山不要金山”的发展理念已深入人心，并且以北京为例，各地雾霾治理工作卓有成效，要比100年前的美国治理的快多了。

（八）戈尔落败：原来美国总统不是选民一人一票选出来的

在我们的印象中，美国是一个高度民主的国家，美国也自认为是世界民主制度的典范，自由世界的领袖。就民主国家而言，其最显著的特点就是一人一票的普选制，特别是用一人一票的方式选举出国家最高领导人。因为民选出的总统是能得到过半数选民认可的候选人。然而，事实却不完全是这样。美国也发生过“多数派”落败、“少数派”当选总统的事情：在2000年的总统大选中，戈尔获得全民投票中50999897张选票，得票率48.38%，布什获得50456002，得票率47.87%，戈尔比布什多了50多万张票，但布什却击败了戈尔，赢得了总统大选。事实上，这种情况此前在1824年、1876年和1888年的大选中也曾出现过。这些选举使我们疑问，难道以民主国家榜样自居的美国总统不是老百姓一人一票选出来的吗？

赢得选票却输掉选举

2000年美国总统大选由民主党候选人、现任副总统艾伯特·戈尔，对阵共和党候选人、得州州长、前总统老布什之子乔治·布什。在大选日2000年11月7日当天，戈尔赢得了普选，得票比布什多54万票。但尽管戈尔赢得了多数选票，在选举日后数周的时间里，仍然不能确定当选。因为美国宪法规定总统候选人必须获得当时全国538张选举人团票中的270张，戈尔当时拥有267张选举人团票，布什拥有246张，谁都没有超过法定得票数。究竟谁赢得多数选举人团票仍然未知。两人相持不下的原因出现在佛罗里达州，布什与戈尔在该州选票差距微弱，双方争执不下，因此无法决定当时该州的25张选举人团票应该归戈尔还是布什，根据佛罗里达州选票初步统计，布什只领先戈尔327票，佛罗里达州当地法律规定在这种情况下应该重新清点选票，双方就此展开司法大战，最终将此问题诉诸美国最高法院仲裁。在总统大选僵局持续了63天之后，最高法院分别以7票对2票决定重新清点佛罗里达州选票的过程违宪，5票对4票决定禁止进行任何新一轮的选票重点工作，这实际等于宣判戈尔失败。对于选举中的争议，美国最高法院的司法解释是："在选举美国总统时，除非州立法机构选择了州内直选作为委派选举团的方式，公民个人并不拥有联邦宪法上的投票权。"

也正是因为这件事，很多美国人也发现，原来他们手中的选票，没有直接决定权，只是象征意义。简而言之，就是美国宪法规定，能否当选总统，取决于极少数的那个几百个精英阶层（选举团人），而不是老百姓。后来戈尔败后的一些公开演讲在开场白时就经常戏谑道："我是差点成为第四十二届美国总统的戈尔。"台下一片笑声后，就是给戈尔的鼓掌。这也算是美国老百姓对美国这种选举制度的一种情绪宣泄吧。

美国的选举人团制度（Electoral College System）

事实上，美国总统并非选民直接投票产生，而是各州议会选派的选举人团投票产生。简而言之，就是老百姓先选出自己的代表，再由代表投票选举总统。选举人团制度始于1788年第一次总统选举，至今仍然沿用。根据选举人团制度，选民在选择总统候选人的同时，还要选出代表各自州的选举人。选举人数量根据各州参议员加上众议员的人数决定。每州两名参议员，加上根据各州人口分配的众议员，所以美国50个州和首都华盛顿哥伦比亚特区（即华盛顿）共有538名选举人。而且在计票方式上，除了缅因和内布拉斯加两州外，其余48个州和哥伦比亚特区均实行“赢者通吃”制度（the winner－takes－all System），即在本州赢得普选的候选人将得到该州所有选举人团票。总统候选人如果能够得到超过半数的选举人票（270张或以上）即可当选总统。

图4—19　2012年美国总统选举各州选举人票分布情况

注：每州选举人团人数等于该州众议员人数，而众议院人数根据各州人口分配，因此每次大选各州选举人票数量都有所变化。

宪法之所以设立这样的总统选举制度，一是美国建国初期，由于地理阻隔，信息封闭的原因，实现全国范围内的普选存在困难；二是美国的开国元勋们对民众直接行使权利持警惕态度。要知道，美国民众揭竿而起抵抗英国，为的就是财产自由与权利平等。现在革命胜利了，如果实行一人一票的“纯粹民主”，那么占多数的穷人势必有“均贫富”的倾向，这是当时的开国元勋们等有产阶级无法接受的。比如，美国宪法之父，后来出任第四任总统的詹姆斯·麦迪逊，在《联邦党人文集》第十篇中指出，纯粹的民主政体是“成为动乱和争论的图景，同个人安全或财产权是不相容的，往往由于暴亡而夭折。赞成这种政府理论的政治家错误地认为，如果使人类在政治权利上完全平等，同时他们就能在财产、意见和情感上完全平等”。因此，为了保护有产者的财产权，就要“使用共和的方法，即采用代议制的政体”。这样，那些“捣乱成性的人、本位主义者或别有用心的人”就无法摄取政权。

根据这种“精英才更适合统治国家”的思想，宪法规定总统由“总统选举人”决定。选民先选出自己的代表，然后再由代表投票选举总统。其目的在于在选民与实际选举之间，加入一层“健全”的判断。所以美国的总统选举实际上是间接选举。这种共和精英主义的思想还体现在美国参议院的设置上。美国宪法最初设置参议院的目的在于利用“贵族院”制衡“平民院”众议院，参议员由各州议会选举产生，较众议员任期更长。并且宪法明确规定美国总统在批准条约或任命重要人事时，须“采酌参议院之建议并得其认可”，可见当时参议院在人事任免上，比众议院权力更大。参议员的选举制度直到20世纪初的宪法第17修正案才更改为由选民直选，而总统选举的选举人制度直到今天仍然保留。这也是美国国内最具争议的政治制度之一。据统计，美国建国200多年来，共有10000多个修宪提案提交国会，其中超过1/10都与修改选举人团制度有关。这种制度有其不公平的一面，比方说，根据“赢者通吃”制度原则，在2000年大选中，即使布什在佛罗里达州普选仅比戈尔多327票，那么该州全部25张选举人票都计入布什名下，那些支持戈尔和其他候选人的选民只能在选举人票上“被代表”。

被过度美化的美国民主制度

在葛底斯堡演说中，林肯提出“确保民有、民治、民享”的政府，从此“民有、民治、民享”仿佛成了美国民主的代名词，进而美国又成了民主的代名词。而2000年大选获得多数选民认可的戈尔却最终没有当选总统，这对美国引以为豪的民主制度似乎有一些讽刺。美国政治家乔姆斯基甚至认为，从宪法具体细则来讲，美国完全不像一个民主国家。实际上，在美国三权分立的政治体系中，不民主甚至反民主的现象不在少数。除了代表行政权的总统选举外，代表立法权的国会和代表司法权的最高法院也并非处处体现着民主的细节。

表4—17　美国人口最多的5个州、最少的5个州每张选举人票/每个参议员所代表的人口示意

人口大州	每张选举人票代表人口数（人）	每个参议员所代表的人口（人）	人口小州	每张选举人票代表人口数（人）	每个参议员所代表的人口（人）
加利福尼亚州	677344	18626978	特拉华州	299311	448967
得克萨斯州	661725	12572/780	南达科他州	271393	407090
佛罗里达州	648321	9400655	阿拉斯加州	236743	355115
纽约州	668210	9689051	北达科他州	224197	336295
伊利诺伊州	641531	6415316	佛蒙特州	208580	312870

数据来源：http：//www. abs. gov. au/census.

在美国的参议员选任上，一半以上的人口派出了18个参议员，而另一半人口却派出82名参议员。20名参议员代表了所有人口的54%；另20位参议员则只代表不足3%的人口。加利福尼亚派出2名参议员，而另外20个人口最少的州，其人口总数与加利福尼亚相当，却派出了40名参议员。美国法学家拉赛尔甚至认为，参议院是美国建国以来“明显非民主的机构，可能是世界上最不具代表性的立法机关”。而联邦最高法院的大法官则是由美国总统提名，参议院批准，且终身任职，与选民一点儿关系都没有。虽然最高法院的大法官经过非民主方式产生，但却可以在关键时刻决定谁是“民选”总统。

民主永远是个“相对概念”，有不同的形式

从美国的总统选举制度来看，并没有绝对的民主形式。因为不同的国家，有着不同的历史和文化，也有着不同的政治经济环境，面临不同的顺境逆境。美国的民主制度，即便是广受争议的总统选举制度，也都有其合理性。否则，美国的政治制度，就不会适应美国的发展需要，美国就不会成为现如今的超级大国。

美国的政治制度，首先源于英国的两院制。而英国的两院制，又是源于欧洲古希腊的政治制度。古希腊的哲学家认为，只有精英们才有资格统治城邦，因为精英阶层不用把精力耗费在生计上，他们有足够的时间来思考如何管理城邦。另外，精英们往往受过较好的教育，见过世面，能够对事务有较全面的判断。普通大众，相比于精英来说，往往没有上述优势。柏拉图就在《理想国》中提出社会该由“哲学王”来治理，即由精英管理。当然，如果政策全部由社会精英制定，其社会制度也会不公平；反过来也一样，政策和制度由全部百姓来制定，也会带来各种问题和不公平。

因此，正如前文所述，美国的政治制度，是在美国建国时期，在其特定的历史条件下建立的。比方说，如果美国在互联网普及的今天建立选举制度，基本不太可能产生选举人团制度，因为在信息化时代，地理的阻隔和信息的封闭早已被打破，再强行在选民和候选人之间设置“保险”已经没有必要。当然，美国一定会建立一人一票的绝对全民普选制度吗？也未必，因为这种绝对意义的全民普选制度，仍然没有规避掉由全民共同决策所带来的风险。也正因如此，即便美国人对现存制度有争议，也依然执行着现有制度。

美国的民主制度适应了美国的政治制度发展，但它绝对不是民主的唯一形式。美国自建国以来，政治制度不断完善，至今才形成这样一个民主政治体系。如今的美国政治制度，已经比200年前完善得多。正如习近平总书记所言，设计和发展国家政治制度，要从国情出发从实际出发。也正如美国政治学家罗伯特·达尔所言，政治制度是一个“未完成的旅程”，随着社会的发展逐渐完善。换句话说，是否一人一票的绝对普选，并不是衡量真正意义上的民主制度的标准。只要是以人民根本利益为出发点的政治制度，就是真正的民主制度。